2021年国家社会科学基金一般项目
《晋陕豫黄河金三角区域传统体育文化嬗变及其创造性转化研究》立项号：21BTY113

传统体育文化与学校体育课程融合发展研究

向云平　著

人民体育出版社

图书在版编目（CIP）数据

传统体育文化与学校体育课程融合发展研究 / 向云平著. -- 北京：人民体育出版社, 2022（2023.11重印）
ISBN 978-7-5009-6194-9

Ⅰ.①传… Ⅱ.①向… Ⅲ.①民族形式体育—体育文化—研究—中国②学校体育—研究—中国 Ⅳ.①G852.9②G807.01

中国版本图书馆CIP数据核字(2022)第142051号

*

人民体育出版社出版发行
北京盛通印刷股份有限公司印刷
新 华 书 店 经 销

*

710×1000　16开本　11.5印张　203千字
2022年12月第1版　2023年11月第2次印刷

*

ISBN 978-7-5009-6194-9
定价：55.00元

社址：北京市东城区体育馆路8号（天坛公园东门）
电话：67151482（发行部）　邮编：100061
传真：67151483　　　　　　邮购：67118491
网址：www.psphpress.com

（购买本社图书，如遇有缺损页可与邮购部联系）

前　言

传统体育文化在形式和内容上都十分丰富多彩，种类包括竞技体育、休闲娱乐体育以及健身养生类的体育项目。因为其丰富的形式和内涵，使多年来传统体育文化的传承与发展一直得以沿袭，不但得到了全国各民族、社会各行各业的支持与喜爱，而且赢得了世界其他体育文化的尊重甚至模仿。总的来说，中华民族传统体育文化在传承和发展上取得了不错的成效，伴随近几年来全球化速度加快，我国传统体育文化在遇到机遇的同时，也碰到了许多难题。

民族传统体育文化与校园体育文化之间的联系十分密切。一定程度而言，校园体育文化的形成与建设离不开民族传统体育文化这一基础和内核，而民族传统体育文化的传承又离不开学校这一重要的载体，可以说二者是相辅相成、共同发展与繁荣的。

我国的民族传统体育项目不管是在数量上，还是在内容形式上都堪称世界之最，其民族文化深厚，有利于对我国传统体育文化的弘扬，同时对人类可持续健康的维持也是十分有益的。我国地大物博、高校林立，为民族传统文化的传承提供了重要的渠道。我国优秀传统文化的传播主要以各级学校尤其是高校为基地。学校将自己的传承载体优势充分发挥出来，履行对民族体育文化进行弘扬的责任，在传播民族文化的同时促进学校体育的发展，促进校园体育文化建设的不断加强与完善。

民族传统体育文化对学校体育文化的影响必然有利于形成朴素内向、含蓄深邃、天人合一的理念，而体育热潮必然伴随经济的发展和世界和平环境的到来。我国的民族传统体育项目数量多、质量高，健身价值、教育价值及娱乐价值十分突出。作为祖国的未来，学生尤其是大学生肩负着传承我国传统文化的重任，他们是建设校园体育文化的主力，是传统文化的传承人，而传承传统文化首先要对我国各民族的优秀文化从内心加以接受。对学校而言，教师与学生都是传承我国非物质文化遗产的主要力量，因此师生要重视民族传统体育文化的挖掘、收集、加工与创新工作，全力继承我国的民族体育文化，并使之代代传承。民族传统体育运动的开展需要借助多种载体，学校正是其中十分重要的一个载体。学校要积极引入民族传统体育，使之走进学生的体育生活，帮助学生形成正确的体育价值观，并促进校园体育文化的丰富与繁荣。

  本书的主要内容分为六个章节，分别从传统体育文化、中国传统体育文化生态、中国传统民俗体育文化、高校体育文化研究、高校民族传统体育文化发展的战略性研究和民族传统体育与学校体育结合的合理性发展研究这六个方面进行分析和探讨，希望可以为我国传统体育文化与高校课程有效融合提供有价值的建议。

向云平

2021年11月

目 录

第一章 传统体育文化 …………………………………………（1）

 第一节 中国传统体育文化的特点 ………………………（1）

 第二节 中国传统体育文化的功能 ………………………（4）

 第三节 中国传统体育文化的传承与发展 ………………（5）

 第四节 中国武术文化 ……………………………………（9）

 第五节 中国古代射箭文化 ………………………………（30）

第二章 中国传统体育文化生态 ……………………………（46）

 第一节 中国传统体育文化生态适应的个案研究 ………（46）

 第二节 中国传统体育文化在生态适应语境下的发展基点定位 …（53）

 第三节 中国传统体育文化在生态适应语境下的发展愿景展望 …（58）

 第四节 中国传统体育文化在生态适应语境下的发展路径选择 …（62）

第三章 中国传统民俗体育文化 ……………………………（73）

 第一节 民俗体育旅游资源开发 …………………………（73）

 第二节 民俗体育课程资源的开发 ………………………（78）

 第三节 民俗体育与全民健身 ……………………………（90）

 第四节 新农村发展中民俗体育资源开发 ………………（91）

 第五节 民俗体育的文化特征 ……………………………（96）

第六节　民俗体育的文化功能 …………………………………（99）

第四章　高校体育文化研究 …………………………………（102）

第一节　高校体育文化传播途径 ………………………………（102）

第二节　高校体育文化传播存在的问题 ………………………（108）

第三节　高校体育文化交流与传播的冲突 ……………………（111）

第四节　高校体育文化精神建设 ………………………………（114）

第五节　高校体育文化物质建设 ………………………………（119）

第五章　高校民族传统体育文化发展的战略性研究 …………（125）

第一节　高校民族传统体育教学的现状及其成因 ……………（125）

第二节　高校民族传统体育教学的原则 ………………………（132）

第三节　高校民族传统体育教学体系的科学构建 ……………（135）

第四节　我国民族传统体育教学改革的历史进程 ……………（139）

第五节　民族传统体育在研究生体育教育改革中的发展与经验启示

……………………………………………………………（145）

第六章　民族传统体育与学校体育结合的合理性发展研究 …（151）

第一节　体育与学校体育的发展历程 …………………………（151）

第二节　学校民族传统体育的发展历史与启示 ………………（155）

第三节　民族传统体育引入学校体育的必要性研究 …………（162）

第四节　民族传统体育与校园文化建设 ………………………（167）

参考文献 ……………………………………………………………（174）

第一章　传统体育文化

体育有着悠久的历史，然而"体育"一词却出现得较晚。在体育一词出现前，世界各国对体育这一活动过程的称谓各不相同。在我国古代，类似体育的活动曾用养生、导引和武术等名词标记。随着西方文化不断传入我国，学校体育内容也由单一的体操向多元化发展，学校里出现了田径、篮球和足球等体操科。1923年，中小学课程纲要草案中正式把"体操科"改为"体育课"。从此，体育一词成为标记学校中身体教育的专门术语。

第一节　中国传统体育文化的特点

一、体育文化的含义

要理解体育文化的含义，首先应从对文化含义的认识开始。文化有狭义和广义两种含义：狭义的文化主要是指人类社会意识形态及与之相应的制度和设施；广义的文化是指人类所创造的物质财富和精神财富的总和。严格地说，"文化"一词是一个发展变化的历史概念。在我国古籍中，文化主要指文治教化，与武功相对应。在西方，文化最早是指耕作、培养、教育、发展出来的事物，是与自然存在的事物相对而言的。文化一般具有传递性、复合性、象征性、超生理性、超个人性和变迁性等特点。根据上述对文化的认识，可以肯定地说，体育无愧为人类文化的一个重要方面。因为，首先，体育是人类也只有人类能创造出来的一种社会活动。动物的肢体活动和嬉戏来自它们的本能活动，不具备任何文化意义，而人类创造的体育是后天习得的。其次，体育具备文化的各种特征。再次，体育运动不仅有它外在的身体活动形式以及设施、器材等生态体系，而且具有内在的价值观念、意识形态和行为规范等。综上所述，体育文化的含义应该是指人类所创造体育运动的物质财富和精神财富的总和，大体包括体育认识、体育感情、体育价值、体育理想、体育道德、体育制度和体育的物质条件等。

二、中国传统体育文化的特点

世界体育发展史表明，早在史前时代，特别是原始社会末期，由于生存环境、文化传统不同，世界各地区的民族都创造了各自内容不同、风格各异的体育活动形式。冰雪环境中的爱斯基摩人，海岛上的塔斯马尼亚人，以农业经济为主的北非尼罗河和中国东西黄河流域的先民，荷马时代的古希腊人，北美草原上的伊洛魁人等，都有适应自己生存环境和生活方式的独特的体育实践形式。进入文明时代以后，这些体育形式进一步形成了自己的个性。按地域和其主要特点，可归纳为"西方"和"东方"两种主要形态。前者以南欧的古希腊体育为代表，其特点是重视表现自我的竞技运动；后者以东亚的中国和南亚的印度为代表，其特点是重视医疗保健体育，最有特点的当属武术和气功。

从决定文化特点的传统思维方式来认识中国传统体育文化的特点，可以说，强调整体性是中国传统体育文化的重大特点。中国人自古代起就习惯于从整体方面认识事物，把世界看作由两种相对应的事物（即阴阳）构成的统一体，并由这两种对应事物的矛盾运动推动事物的发生与发展。在这样一种中国传统思维方式特征的影响下，中国传统体育文化产生了十分明显的整体性思维方式特征，具体表现在如下三方面：

（一）中国传统体育追求与自然的统一

武术是中国传统体育的典型代表，虽然它的拳种流派很多，但一般都要求根据大自然季节和地理环境的变化采取不同的练习方法。例如，《形意拳理论研究》一书认为，形意拳锻炼需要与四时相配，要顺应四季发展的规律，即春发、夏放、秋收、冬藏。在春天练拳时，应注重内气、内劲的焕发，走势宜悠，发劲宜柔，使筋络渐渐舒伸展开；在夏天练拳时，适宜发放劲力，也不至于伤筋扭骨；进入深秋时练拳，则应少发暴力，应内收劲力；在严冬季节练拳更应深藏劲力，不可急发暴力。流行于广东的"少林八卦五行功"则要求练功者根据不同的季节，分别进行卧功、坐功、站功和走功的练习。除了在练功时间上追求与自然变化相统一外，对练功与地理环境统一的追求也是中国武术的一大特点。在传统武术训练中，一般都要求训练场所"须择山林茂生之地或者奇观庄严之处，或房屋洁净之区"。

（二）中国传统体育追求练神与练形的统一

所谓形，也称身或外，指形体，包括人体的皮肉、筋骨、脉络、脏腑及充盈其间的精血，它是人体生命活动的物质外壳；所谓神，也称心或内，指人体的精神思维活动，包括意识、心理等活动。精不流则气郁。在中国古代主张以动养形的同时，对于以静养神也给予了高度重视，创编了无数以静养神的方法，即以"气功"称之的各种方法。

最能体现形神共养共练特点的是，中国传统体育强调动中有静，静中有动，动静结合。例如，气功中的静功是指练功时躯体的空间位置保持不变的一类功法，虽从外形上没有有意识的肢体运动，但要求此时精神也要宁静，气血在意念的支配下形成有意识的运动状态，这是动静结合的一种形式。另外一种形式是指气功中动功和武功的一般习练方法。气功的动功是指练功时，躯体在空间的位置不断地发生变化的一类功法。此时，人体外形在有意识地运动，而精神活动却要求保持专一宁静，从而做到了动静结合。在传统武术练习中流传有"内练一口气，外练筋骨皮"的说法。"少林拳术秘诀"有云："盖以外功之练习，乃肉体筋骨所有事，而内功之修养，实生命精神所皈依。离而二之，则为江湖末技，合而一之，则为神功极致。"这充分体现了中国传统体育文化的整体性特点。

（三）中国传统体育追求培养人与社会相和谐的意识

传统整体思维方式特征表现在人和社会的关系上，即追求和谐稳定的人际关系和对社会规范的服从上。这一特征反映在中国传统体育上，即中国武术的武德文化。中国武术众多的拳种流派，几乎都无一例外地重视对习武者武德、武操行的培养和教育，从而制定了许多戒约、规定。例如，昆吾剑箴言具体规定了"十不传"，即"人品不端者不传；人而无恒者不传；不知珍重者不传；文武不就者不传；借此求财者不传；俗气入骨者不传；市井人不传；拳脚行不传……宁可失传也不轻传。何也？恐有玷昆吾之高尚也"。在处理人际关系上，儒家文化推行中庸之道，谦逊恭敬重视和合，致使传统武林也非常讲求这些行为规范。例如，少林戒约云："平日对待师长，宜敬谨从事，勿得有违抗傲慢之行为。""对待侪辈，须和顺温良，诚信无欺。"中国传统体育这种追求培养人与社会相和谐的意识的特点，充分体现了中国传统体育的整体性特点。

第二节　中国传统体育文化的功能

中国传统体育文化的功能主要表现在以下几个方面。

一、中国传统体育文化成为中国传统体育社会的标志

根据文化学理论，在不同的国家、民族或群体之间，文化所表现的区别要比人类的皮肤颜色或任何其他生理现象所表现的区别深刻得多。地域、疆界只能划分出两个国家、民族形式上的区别，只有文化才能表现出其内在本质上的区别。作为中国传统文化组成部分的中国传统体育文化也不例外。只要一说到武术、气功或体育文化的整体性特征，人们马上想到的是中国传统体育文化的东西；而一说到奥林匹克运动会、奥运会，人们马上也会意识到那属于西方体育文化的范畴。

二、中国传统体育文化使中国传统体育社会有了系统的行为规范

一般来说，有了文化人们便有了行为标准。文化使人们相互间的行为功能协调和相互配合。文化使社会的规范、观念更为系统化，文化集合解释着一个社会的全部价值观和规范体系。同样，中国传统体育文化也使中国传统体育社会的各种规范和观念更为系统化，包括诸如习武者的所属门派、饮食、穿着、庆贺的要求及方式和拜师的仪式、行为的戒约及规定，以及追求的最高理想等。

三、中国传统体育文化使中国传统体育社会的团结有了重要基础

这一点常被称作文化的整合功能，使社会形成一个整体。从文化整合的观点出发，中国传统体育文化中的观念文化、制度文化和器物手段文化等都从不同侧面维持着中国传统体育社会的团结。体育观念文化，如武德文化从思想上驯化着中国传统体育社会的成员；制度文化，如各种戒约、规定约束着体育社会成员的行为，发挥着控制作用；器物手段文化，如各门各派所传授的各种功法、拳种、器械操作要求等，都使各自门派的师徒产生认同和友谊。

四、中国传统体育文化塑造了中国传统体育社会中的每一个成员

社会学理论认为，人刚生下来时还只是一个生物的人，没有思想，没有知识。人怎样从一个生物的人演变成一个社会的人呢？最主要的就是一步步接受文化。中国传统体育社会中的每一个成员正是在一步步接受了中国传统体育文化的熏陶之后，才成为一名合格的体育社会成员、一名具有中国传统体育文化特点的社会成员。

第三节　中国传统体育文化的传承与发展

中华民族传统体育文化不是一朝一夕形成的，其传承与发展势必影响到整个传统文化的传承与发展，因此，对传统体育文化的探究成为当代学者和社会各界的研究焦点对象。但是在全球化的发展下，传统体育文化在理论体系、思想价值体系等方面受到了西方其他体育文化的影响，也因为现代体育文化的繁荣出现了某些不适应的情况。想要更好地传承与发展我国传统体育文化，必须从意识上重视传统体育文化，以长远的眼光、开放的心态去看待世界体育文化，在坚持我国传统体育文化内涵精神不变、独特性不变的情况下，积极拥抱西方其他体育文化，重新构建并完善中华民族传统体育文化的理论体系和价值体系，使传统体育文化向多元化、世界化方向发展。

一、传统体育文化传承与发展的现状

传统体育文化在形式和内容上都十分丰富多彩，包括竞技体育、休闲娱乐体育以及健身养生类体育项目。其丰富的形式和内涵使多年来传统体育文化的传承与发展一直没有被中断过，不但得到了全国各民族、社会各行各业的支持与喜爱，而且赢得了世界其他体育文化的尊重甚至模仿。总的来说，中华民族传统体育文化在传承和发展上取得了不错的成效，但是近几年来全球化速度加快，我国传统体育文化在面对机遇的同时，也碰到了一些难题。

世界体育文化和中华民族传统体育文化不管是在内容形式上还是在精神本质上都存在着很大的差异，世界文化在融合过程中，多少会影响到传统体育文化，使传统体育文化的传承和发展模式受到一定程度的冲击，原先的传承和发

展模式开始不适应全球化的发展速度，在内涵和属性上出现了断层。另外，全球化下中华民族传统体育文化的理论体系和价值体系受到冲击，我国传统体育文化理论基础薄弱，传统价值观念与西方现代化体育文化观念存在不相适应的状况。

二、全球化视野下中华民族传统体育文化的传承

（一）构建具有中国特色的传统体育文化理论体系

一方面，我国传统体育文化的理论基础本身就比较薄弱，很多体育理论都不太成熟；另一方面，传统体育文化理论在发展中会因为时代的改变、经济政治文化等领域的革新而出现许多新的特征和要求，文化传播会出现新的意义和价值，传播的受众群体也在发生变化。基于上述原因，在全球化视野下，传统体育文化理论体系需要重新构建与完善。

首先，需要不断地挖掘并分析整理中华民族传统体育文化理论，使传统体育文化中的本质内涵被充分地利用并体现出来，探索研究当前体育文化理论的发展规律，形成具有中国特色的传统体育文化理论体系。

其次，需要利用先进的现代化理论和技术，找出传统体育文化与现代体育文化相似或者相同的地方，使传统体育文化的内涵更加凸显。比如打破原来的传统体育文化传承机制和传承方式，可以利用现代化技术对传统体育文化进行文化理论上的增殖和增值，对传统体育文化进行科学的分层整理，利用多媒体手段对传统体育文化相关理论进行归档，以便于研究，并且还要考虑到我国不同地区、不同民族、不同人群对传统体育文化的需求，更深层次地构建传统体育文化理论体系。另外，我国正处于向现代化转型的时期，通过构建新型的传统体育文化理论体系，可以使我国传统文化与世界文化逐渐接轨，实现文化的增值。

（二）构建中华民族传统体育文化价值体系

中华民族传统体育文化在价值理念方面和西方现代化的体育文化价值有很大的差别。我国在体育价值精神上追求的是以人为本，有着丰富的人文价值和人道主义精神，但是西方在体育价值理念体现上更加注重竞争，通过竞争获

得个人和团队在物质和精神上的提高。针对价值方面的不同，在西方体育文化价值入侵过程中，我国的传统体育文化既不能全盘否定，也不能全盘吸收被同质化。正确的态度应该是一方面要积极与世界现代体育文化进行沟通交流，发现两者的共同点，实现共性上的传承，相互吸收并丰富各自的体育文化价值体系；另一方面要保持中华民族传统体育文化在价值上的独特性或者个性，我国的传统体育文化在价值上有许多精髓部分，这些部分不但使我国传统体育文化得到很好的传承与发展，而且丰富了整个传统文化的价值体系。

依然需要坚持以人为本的体育文化精神，传统体育的主要目的是在体育中获得快乐，使身心均得到健康的发展，达到与自然、与社会和谐共生的目的。

（三）将中国传统体育文化与世界现代化体育文化合理融合

中国传统体育文化中有许多值得不断继承和发展的精华部分，比如我国的太极体育和太极体育文化，不管是从体育的形式内容，还是体育所能达到的目的或者精神本质上来看，太极体育和太极文化都具有不可剥夺的意义。对传统体育文化中这些精髓内容需要不断地强化，并且对其中的民族特色、民族认同感、传统文化价值理念等精髓进行拓展传承。

但是我国传统体育文化也有需要重整创新的部分。为了得到更好的创新继承，使后续能够得到更有利的发展，需要将中国传统体育文化与世界现代化体育文化结合起来。另外，传统体育文化的发展也是一个动态的、不断积累发展的开放性过程，所以在继承中必须清楚地认识到当今世界在体育文化方面的主流方向，认清自己在传承上的优势以及劣势，改变自己存在缺陷的地方，与世界优秀体育文化合理地融合，创造优秀的、先进的体育文化。

三、全球化视野下中华民族传统体育文化的发展

（一）传统体育文化多元化、世界化发展

在全球化视野下，中华民族传统体育文化在发展上的主要趋势是多元化和世界化。一方面，我国传统体育文化在发展过程中要保持自己独有的特色，把传统体育文化的优秀部分在继承的基础上进行创造性的发展，实现多元化、多样化发展。比如传统体育文化在发展中要充分尊重各民族的传统体育价值精

神和不同类型的体育项目，还要考虑到不同地区、不同人群对于传统体育文化的态度和日常的体育价值实现。在合理发展传统性的基础上，实现多元性、民族性发展，并且以传统体育文化核心价值作为价值理论基础，合理地发展其他民族文化传承模式。另一方面，需要将我国传统体育文化与世界体育文化结合起来，在时代主流的号召下，我国传统体育文化中的优秀内容应该要积极走出去，充分发挥政府以及社会的力量，使我国优秀的传统体育文化能够在世界的大舞台上实现国际性发展。比如在世界化进程中，培养公平竞争、团队协作、自强不息等体育精神，形成严谨详细的组织竞争制度等。另外，还需要站在人类文化发展的高度，拓展传统体育文化的发展空间，在全球化视野下制定科学合理的发展策略。

（二）发挥传统体育文化优势，与社会、学校等体育项目结合

传统体育文化在进行现代化、世界化改造过程中，也需要不断地挖掘传统体育文化中的优质资源，可以将这些优质资源或者优势与社会、学校等体育项目结合起来。

首先，社会体育活动丰富多彩，不同的民族有各自不同的体育项目或者民俗活动，不同的社区、城镇、农村也有各自的体育活动。社会体育项目一般都是为了健身或者娱乐，所以在挖掘传统体育文化优质资源的时候，可以把传统体育文化的部分与社会活动相结合。比如将少数民族中的民俗节日、民俗活动与全民健身结合起来，使传统的民俗文化与体育相结合，更好地发挥传统体育文化的优势。

比如对一些民族传统体育活动进行改造，将其作为农村或者社会健身的体育项目，在与农村或者社区体育项目进行结合的过程中，需要考虑到不同社区、不同农村人群的不同特点，尽量满足大多数人的需求。另外，我国传统体育集竞技、健身、娱乐等功能于一体，所以完全可以根据不同年龄层学生的特点，选择传统体育中的优秀内容，并将其引入学校的体育课程中。通过传统体育文化与学校体育项目结合，一方面让学生更好地接触传统体育，理解传统体育文化并对其进行传播，另一方面也让传统体育文化得到进一步的创造革新，在融合过程中得到不断的丰富发展。

综上所述，在全球化视野下，我国传统体育文化一方面需要坚持自己的传统特色和独特的个性，使传统体育文化中的优秀部分得到更好的继承；另一方面需要以开放宽容的心态看待世界现代化体育文化，学习和借鉴其中优秀的内

容与形式,将传统体育文化进行多方位的创造革新,与各民族体育文化、世界文化接轨,实现多元化、现代化以及世界化的发展。

第四节 中国武术文化

中华民族是中国人民在中华大地上经过长期生存所形成的多民族的伟大共同体。这个共同体蕴含着丰富的民族优秀文化,而武术作为我国优秀传统文化的一部分,有着丰厚的文化体系。它与其他民族传统文化一样,都有着独特的优势。

中国有着五千年的辉煌历史,弥久不衰,越发强大,凭借的是全国各民族人民的团结、伟大的精神,大力弘扬民族文化,这也是实现中华民族伟大复兴的驱动力。近代以来,伴随着西方文化的席卷,中国传统的文化受到冲击,导致现在的年轻人出现了一种认为"新的就是好、别人的就是最好"的思想,人们的从众心理、攀比心理影响着中国传统文化的传承。这种思想的长期盛行,必将进一步影响到我们国家的文化、综合国力等各个方面。因此,我们应该守护好自己的民族文化,不要让自己的民族传统文化流失。"新"是时代发展的必然因素,但是"旧"是"新"的发展基础,我们应该在"旧"的基础上继续研究符合当今时代武术发展需求之路。现阶段,国家一系列政策的提出,如"中国梦""健康中国""文化强国"等,这绝不只是一个个响亮的口号,而是需要每一个中国人为之做出不懈的努力。武术作为中国传统文化的一部分,理应服务好"中国梦""健康中国""文化强国"的建设。

一、武术文化概述

(一)当代武术的界定

"当代"在各个研究领域都有不同的划分,文学的划分一般是起源于中华人民共和国成立之后,而史学划分则指的是1978年党的十一届三中全会之后。"武术"一词最先见于萧统的"偃闭武术,阐扬文令",然而此时武术不是目前意义上的"武术",而是泛指军事,由最初的"武舞"发展而来。经过千年的朝代更替,武术在各朝各代中都发挥着不可替代的作用。直到民国时期,因武术具有强国强种的意义，代表国家的形象，故有人提出用"国术"一词来替代"武术"一词，后经采用，被称为"国术"，至此，"国术"一词被广泛使用。中华人民共和国成立之后，国家部门又将"国术"改为"武术"，这时才正式通用"武术"一词。本文中研究的"当代武术"指的是1949年中华人民共和国成立之后的武术。

（二）关于中国武术教育的研究现状

邱丕相、戴国斌在《弘扬民族精神中的武术教育》一文中，认为武术在发展过程中渗透着中国传统文化，学校武术中应加强武术教育的民族精神教育，并提出当代武术的主要民族精神包括"止戈和平""整体为上""崇德重义""自强不息"。他认为武术教育的发展离不开民族精神教育，应发掘武术中的优秀民族精神并应用到教学中。张峰、闫民在《学校武术教育的自觉与反思》一文中，指出学校武术教育刻不容缓，提出武术教育应注重"打练并进"，学校的武术教育应当以自觉弘扬民族精神、传承民族文化为出发点。

郭守靖、郭志禹在《以武术弘扬民族精神的历史回顾与教育策略》一文中，强调当代武术的教育应该加入德育教育，将武德融入武术教育中，并提出运用新颖的教学方法进行教学，如在武术教育中融入武术爱国故事教育等方法等。关博、杨兆山在《武术教育的文化性探析》一文中，认为武术教育的本身就是文化的传承与延续，武术教育是一种精神与价值的传承过程，因此武术教育的发展应以此为方向。

王春国认为武术文化中蕴含着"天下兴亡、匹夫有责"的爱国主义精神和"勤劳勇敢、自强不息"的奋斗精神，还有"厚德载物、崇德重义"的武德修养等，这些精神对武术教育具有巨大的价值。

刘彩平、郭义军在《当代学校武术教育价值——人的社会适应能力发展》一文中，提出武术是一项体育运动，不仅可以通过身体运动产生一定的作用，在一定条件下还可以建立一种新的冲突交往情境，人和人在这种环境交往中，各自的属性也会发展，通过这种发展，从而使人的社会适应能力提高。梁捍东在《弘扬武术文化与促进人的全面发展》一文中，提出武术吸收了儒、释、道三家的思想，融汇了传统医学，在个体的修炼上促进了人的身心健康和活动能力的全面发展。

阳家鹏、向春玉等认为以"和谐"为价值取向的中国武术主要表现在"人际和谐""身心和谐"，正是这种"和谐"促进了人的全面发展。万会珍认为武术在培养人的形象思维表达为主体的抽象表达方式上有着独到的效果，其勇敢顽强、努力奋斗的拼搏精神对高校大学生思想道德的作用与影响具有深远的意义。孙旭认为武术的内涵与社会主义核心价值观相一致，习练武术对青年精神意志和良好道德的塑造具有积极的促进作用。

刘飞舟、蔡宝忠在《对传统武德的现代教育功能及社会影响力研究》一文中，认为武术武德有现代教育的功能，通过习练武术可以更好地继承中华民族优秀传统美德，还可以极大地弘扬民族精神，唱响社会主义的美好旋律。他指出武德在发展历程中，经过不断的丰富和积累，积淀成为中华民族武术的精髓，对于这些精髓我们应该更好地继承下来，成为贡献社会的独特力量。

（三）关于中国武术的健康功能研究现状

李印东在博士论文中介绍，武术的健身功能最早出现在孙子的论著中，特性表现为：①机理深邃、健身娱乐；②内容丰富、老少咸宜；③身心化一、机体协调；④气神两合、内外兼修。

杨丽、岳珍淑在《对大学生在武术教学中健康人格培养的研究》一文中，指出武术动作教学的最终目的是提高人的精气，合理地训练能够塑造健康的人格，长久训练可以促进学生行为不急不躁，提高自控能力。

秦丹妮认为武术中的一些动作有利于幼儿的脊柱和骨骼的良好发展，经过试验对比研究，练习武术的幼儿身体素质发展迅速，幼儿练习武术还有利于智力的发展。汤庆华、陈楠、成传兵等经过试验研究认为太极拳有利于人体的心理健康，经常练习太极拳可以改善练习者的心理品质，提高心理健康水平。老年人长时间练习有利于提高个体的主观幸福感。

吴宝忠在《武术运动对大学生心理健康的影响》一文中，对练习武术运动的大学生的情绪、情感以及幸福度进行了分析探讨，结果显示，练习武术的大学生在保持精力、缓解疲劳、抑郁等方面有着明显改变，幸福度也明显增加。

刘学谦在《从传统文化对武术的影响和现代社会的健身需求看武术的未来发展》一文中，对武术健身的研究主要从身体和心理两个方面进行了分析，认为武术产生于原始生产劳动和部落战争，古代"武舞"是为了满足祭祀和仪式的需要，从功利性向健身性转化，在这个转变的过程中不断丰富和发展，形成了具有现代意义的健身体育。同时他认为武术中的"阴阳和谐""天人合一"的武术思想与当代健康意识相符合，并提出武术的未来发展应以此为主要方向。

（四）关于中国武术文化传承的研究现状

杜舒书、郭志禹在《教育人类学视野中的当代武术文化传承困境与路径选择》一文中，从教育人类学视角分析当前的武术文化传承遭遇的困境，出现了传承方式呈现路径依赖、传承链出现裂缝、传承阵营缩减、传承主体间缺乏良性互动、传承内容日益碎片化现象，并针对这些问题从根本上提出了实施路径。

李吉远、谢业雷从"文化生态"视角对传统武术进行分析，认为当前的传统武术面临着西方文化的冲击，导致中国的传统文化部分消失或弱化，并提出一系列措施保护和传承中国传统文化。

赵进对中、日、韩三国的民族传统体育的代表武术、柔道、跆拳道进行对比，分析跆拳道、柔道传播与发展成功的因素及武术文化式微的原因，研究发现武术文化的传承在管理、发展等方面都处于比较滞后的阶段。

王智慧在《传统惯性与时代整合：武术传承人的生存态势与文化传承》一文中，提到武术文化的传承与发展成了关乎民族品格和民族文化延续的重要话题，武术传承人既是武术文化传承的载体，也是武术文化资源的持有者，文章分别从仪式化、制度调节、责任意识和生存环境四个维度展露了现代社会中武术传承人的文化传承现状，对文化传承提出相关对策。

王传方在《"非遗"视野下的武术文化传承断想——以拳种为视角》一文中，认为拳种是武术文化最基本的负载单元，文化的传承需要以拳种为单位。

杨建营、邱丕相、杨建英在《生态文明视域下武术培养民族精神的理论及实践研究》一文中表述："中国武术作为民族文化的一个载体，包含了传统文化的精髓，文化性则是武术的灵魂。"

次春雷把武术文化的层次重新构造，指出文化是决定武术存在和发展的第一步，它的传承能够修正武术异化，让武术在传播过程中不断发展。

另外有学者认为，武术的教育对于武术文化的传承具有重要意义，何艳强在《武术教育中武术文化传承的研究》一文中，提到"武术教育的内容不只是在武术技能教学的层面，更主要的是技能背后所蕴含的文化因素，武术文化的教育应是武术教育内容中不可或缺的，并占据核心位置"。

通过分析这些文献资料可知，武术在教育、健康、文化传承、弘扬民族精神、促进人的全面发展、思想道德教育方面都有一定的作用。在武术教育方面，目前研究主要集中在学校武术教育上，通过指出学校武术教育所存在的问题，并根据这些问题，提出改进学校武术教育的对策。在健康功能上，主要研究武术对身体、心理的作用，通过实验、对比研究得出结论，但是主要集中在武术健康方面的促进作用，对于在当代能发挥何种功能的研究几乎没有。在武术文化传承方面，研究主要集中在现状方面，通过现状的分析，找出现阶段存在的问题。经综合研究分析，现阶段，对于文化传承的传承内容、主体还没有界定完整。新的时期，武术虽然传承的是技术，然而承载的却是精神。武术教育不仅要以人们的身体健康为主，也应该强调精神的重要性。同样，文化传承也是当代中国武术的重要使命，邱丕相先生认为："深入地发掘武术内含的民族精神，并在弘扬和培育民族精神中发挥积极的作用，才是武术理应承担的历史责任。从文化战略的高度来认识武术当代发展的价值，把武术作为一种弘扬民族精神的文化资源，进行思想道德建设的教育资源和手段，也是武术教育大有作为之处。"基于以上研究，本人结合教育、健康、文化传承，深入剖析这三个方面在当代应承担的历史使命，在前人研究的基础上继续完善武术理论的发展。

二、武术教育的当代使命

（一）武术教育应担当起青少年身体教育的责任

梁启超在《少年中国说》中提到"少年智则国智，少年富则国富，少年强则国强"，一个国家的兴衰与青少年有着非常密切的联系，青少年是祖国的未来，决定着国家的兴衰强盛。因此，青少年的成长需要正确的引导和教育。

1. 武术教育是体育教育

20世纪初，以西方体育思想为基础形成的身体教育观，对武术的发展起到了推动作用。伴随着社会的不断发展，武术体育教育思想的发展也在不断进步和完善。"体育武术"的概念是在近代西方体育的影响下逐渐形成的，武术思想不断地向西方体育思想靠拢。"体育武术"思想的雏形早在20世纪初就有体现，1904年，清朝颁布的《奏定学堂章程》标志着军国民教育思想被官方正式确立。随后，马良提出"中华新武术"，要求在军事训练和教育中大力推行兵操式的武术，这其中的武术就包含体育思想，虽然这一改变引发了很多异议，但它确实推动了体育的发展。1922年《学校系统改革令》中将"学校体操科"改为"体育科",就此,武术从"中国式兵操"变成了"体育"内容的一部分。因此,为了使武术的发展更加全面,国家体育管理部门从西方体育运动简单标准化的角度着手,开始武术改革,中华人民共和国成立之后,国家提出了一系列政策推动"体育武术"的发展。1949年9月,在第一次全国人民政治协商会议所制定的《共同纲领》中,把"提倡国民体育"列为工作的任务,表明了新中国对体育事业的关注;1958年,中共中央在对体育工作的批示中强调:"体育运动的根本任务是增强人民体质,为劳动生产和国防建设服务。"当代西方体育的竞技思想不断地影响着武术的改革和发展,促使武术向体育方面发展,1959年颁布了《武术竞赛规则》,这是我国第一部相对科学系统的武术竞赛规则,它标志着武术竞技化的正式开始。它将竞赛内容分为长拳、南拳、太极拳等,同时规定了比赛的服装和套路演练的时间等,这标志着武术开始向西方体育模式的方向发展。

武术作为中国有着悠久历史的传统项目,有增强人民体质的作用,同时武术的精神对国家强盛有着重要的推动作用,因此在党和国家领导人的倡导下,国家将武术纳入体育部门管理,成为体育的一部分。它在这个时期的主要目的是强身健体。随后国家提倡"体育武术"可以作为一种教育形式提高国民的身体素质,这一政策在全国各地得到迅速实施,学校成为开展武术教育的主要场所,武术则随着体育思想一起前进,就此"体育武术观"形成。体育武术是在新时代历史背景下形成的,把武术作为一项体育运动是顺应时代发展的必然要求,其最终目的是增强青少年的身体健康、提高青少年的身体素质。

2. 武术教育是体质教育

历史是一面镜子,我们回顾历史可以发现健康一直被人们重视。近代鸦片战争后,鸦片大量输入,清政府的不作为导致许多人深受鸦片的毒害,在这样的环境下,国民的体质不断下降,被西方人称为"东亚病夫"。直到20世纪初,许多爱国同胞和仁人志士认识到强身的重要性,提出了"强国以强种,强种以富国"的口号,开始创办洋务运动,兴办学校、学堂,主要的目的在于通过提高国民的身体素质,使中华民族强大起来。中华人民共和国成立后,历史经验告诉我们国民体质的重要性。国民的身体健康是实现中华民族伟大复兴的关键所在,是每个人健康成长和幸福生活的根。

学校武术教育经历了长期的改革。从开始推广"体操式武术"到向"人民体质提升"理念转型,表明国家重视学校武术的发展。中华人民共和国成立之后，在武术教学理念方面虽然取得了很多成绩，但依旧存在"学生喜欢武术，不喜欢武术课"的现象。学校武术教学思想和学生的思想不同步、不一致，导致现阶段即使很多学校都开设了武术课程，但学生的积极性不高，不愿意学，在体育课程中真正练习并掌握的东西很少，从而导致学生们的体质提升缓慢。

3. 武术教育是技术教育

技术教育是武术教育的重要内容，而现阶段武术教育的内容似乎还没有得到统一，有的学校开展国家教学大纲规定的内容，如初级长拳，有的学校则开展与当地文化特色有关的传统拳种。21世纪，武术伴随着社会进步得到了快速的发展，出现了竞技武术和传统武术之分，竞技武术的发展与传统武术的发展出现了一种"两极分化"的现象，例如，许多传统武术的功法和套路将随着传承人的逝去而消亡，20世纪80年代《少林寺》电影的播出，引起了全国上下的轰动，许多人都想去少林寺学习、参观，再看看少林武术的发展现状，远不及当年的热度，随着人们的关注度越来越低，少林武术正面临转型危机。许多传统武术已经慢慢消失，由于许多优秀的武术传承人无法找到适当的继承人，常常感叹武术后继无人，仅存的传统武术传承人也将慢慢"艺随人绝"。而竞技武术则随着时代的发展高歌猛进，成为现阶段武术发展的主流。

武术的快速发展固然是一件好事，但武术教育是技术教育，不是"竞技"教育，我们缺少的恰恰就是传统武术中的训练方法，因为西方"竞技"思想与中国传统主流的教育思想、文化是不相符的。当前，竞技思想深深影响着我们现代人对武术的看法，当我们在评价或观察一个人练得好与坏时，自然而然地就会寻找一个标准，这个标准就是竞技思想下的标准化，评价的标准就是他的动作有没有规范，跳跃动作的高度等，武术人开始接触武术的时候几乎都是以竞技的模式为主要训练方式。例如，基本功、跳跃、竞赛套路等，这些已经成为每天训练的必修课，这些模式无一不是为竞技服务，同样，训练的目的也是为了竞赛。开始抱怨"学武术苦，学武术累""武术不好学，没有几年根本学不成"等，这已经成为武术训练方式的固定模式，这种模式让人们认为练武术就必须从这些基本内容开始。这种模式对于培养竞技性人才有非常大的帮助，但这是真的"武术"吗？这个问题我们必须深刻地去思考。现在许多家长让自己的孩子学跆拳道、空手道是因为项目简单，容易学，没有基础也可以快速学到东西。但是，武术真的难学吗？如果我们不是为了"竞技"去学武术，不是为了"标准"而学武术，武术就会像跆拳道、空手道一样简单易学。当代"竞技思想"已成为武术发展的一道屏障，人们会不自觉地将武术和"竞技"联系在一起，而慢慢地误解了真正的武术。

传统武术与现在的竞技武术在训练方式、内容上也不完全相同，这是由于西方文化对我们造成的影响，正如邱丕相所说"西方的体育思想在张扬的过程中，腐蚀着我们民族体育传统的思想，从传承方式、训练方式都作出改变"。传统训练方式为基础性训练，主要强调功法、基本功的训练，而竞技武术训练则是在前期基本功的基础上再加上后期的深入培养与能力提升训练，帮助运动员在已有的基础上实现西方竞技化的需要。我国专业性体育运动中很多领域对于竞技武术的训练都有研究，但是只是停留在理论层面，而对于传统武术的训练研究却寥寥无几，反观竞技武术的发展，随着北京获得了2008年奥运会的主办权，为竞技武术的发展提供了一次难得的机遇，全国武术工作者对竞技武术进行了大量的修改，使其更贴近奥运会。经过全国上下的努力，武术最终成为2008年北京奥运会的特设项目，即使武术没有正式成为奥运会项目，但竞技武术的发展让世界各地人民都目睹了中国的优秀传统文化，也吸引了许多国家对中国武术文化的热爱，推动了竞技武术的迅速发展。因此，当代武术教育的发展应更注重技术教育，不要一味地盲目追求新的技术、新的思想，我们需要做的是传承本民族优秀的武术内容，保护武术的传统文化内涵，竞技是"新"，但传统是"本"，我们应该区分当前更适合教育的内容，取其精华，去其糟粕，而不是全盘追求"新"。

（二）武术教育应担当起青少年德育建设的责任

党的十八大报告指出，教育是民族振兴和社会进步的基石，把立德树人作为教育的根本任务，培养德、智、体、美、劳全面发展的社会主义建设者和接班人。从正面回答了我们应该培养什么样的人，怎么培养人的问题。

1. 武德教育是武术教育之本

"未曾学艺先学礼，未曾习武先习德"，强调了武术教育首先应服务青少年的思想品德建设，"育人为本，德育为先"强调了德育的重要性，德育是教育之本。道德与人的其他需要一样，是人生基本的需要。道德需要能否得到满足，在一定的程度上决定了一个人的道德素质和道德素养，同时也决定了一个人被社会接纳的程度。良好的德育工作能够满足、引导和提升他们的道德需要，为他们的道德发展以及全面发展打下坚实的基础。

中国武术在几千年的历史发展中，一直以重礼仪、讲道德为出发点，强调"德"是习武的根本。孔子认为道德是处事的基础，什么事情都要以德为中心。武术随着这种道德至上的价值观念经过了长期的发展便形成了"武德"。如抱拳礼的要求，左手四指并拢伸直成掌，拇指内扣，右手成拳，左掌心贴右拳面，目视受礼者，面容举止自然大方。这种友好的交流方式显示出交流双方的道德修养。"武德"讲究在与人斗争时，动用武力并不是最好的办法，要"以德服人"，正如电影《霍元甲》中展示的，在与大力士比武的时候，为了不让大力士碰在钉子上，将大力士救下，后来使他认输，这种方法正是武德的体现。

武术教育的出发点应该是德育教育，将武术与德育充分融合，从而培养高素质人才。

2. 武德教育是"立德树人"的体现

武德教育既是出发点，也是最终的目标。德育培养应该得到我们的重视。当代学校武术教育往往忽略了武术德育教育这个重要部分，武术课只是单纯学动作、练动作，为了完成教学大纲而教学，这与传统意义上的武术大相径庭。古时候，学习武术十分重视一个人的品德，其品德的好坏决定着他是否可以练习武术，尽管如今时代不同了，但武术独特的内涵一直存在，它的优秀品质不能被忽视，它的精神需要我们代代传袭，因此，武术教育中应融入青少年的德育建设，只有先"立德"才能后"树人"，才能更好地培养社会主义接班人。

（三）武术教育应担当起青少年民族精神建设的责任

1. 武术民族精神教育是立国之本

民族精神是一个民族在长期历史发展过程中形成的独特、稳定、持久和强大的民族意识和素质。它是民族凝聚力和向心力的源泉，也是人的精神支柱。发展和培育中小学校的民族精神教育，是青少年思想道德建设和德育工作当前和未来迫在眉睫的任务，要充分认识培养青年学生民族精神教育的重要性，以紧迫感和责任感加强和促进培育民族精神教育工作。

20世纪70年代，涌现出一大批武术爱好者，有人称这个时期是武术运动开展的巅峰时期，武术的民族精神教育深入人心，一提起武术，我们就会想起保家卫国、自强不息、坚韧不拔的民族主义精神。如我们熟悉的电影中的武侠霍元甲的故事，又如李小龙把中国武术带出国门，并在传统武术的基础上创立了截拳道，使世界都知道了中国功夫。这些被我们熟知的人物，他们的故事被拍成电影，塑造了中国传统的优秀民族精神，潜移默化地影响着我们的精神世界。中国武侠电影追求的不仅是对艺术视觉的冲击，更是对民族精神的弘扬，它主要体现在侠义精神、惩恶扬善的正义精神和强烈的爱国主义精神。

2. 武术民族精神教育是强国之策

2004年3月，中宣部联合教育部印发了《中小学开展弘扬和培育民族精神教育实施纲要》，提出大力开展武术教育，弘扬和培育民族精神。武术除了是文化资源，还汇集了中国传统文化的精髓，突出了中华文化的基本精神。它还是一种教育资源，对青少年的教育起着重要作用。作为一项独特的民族传统体育项目，青少年在体育课中可以从武术练习中感受民族文化的丰富性，接受这种文化的熏陶，并理解技术背后的文化。但是在实践中发现，武术的发展不尽如人意，一些学校将体育课变成了文化课，甚至有的学校取消了武术课，即使有的学校开展了武术课，也都当成体育课来上，很难与民族精神联系在一起。这就使学校武术教育与弘扬民族精神的距离越来越大，然而武术的真正魅力"除了武术技艺的本身，更是渗透在武术之中的几千年来积淀的中华民族优秀文化和中华民族精神"。

随着时代的变迁，人们精神世界不断丰富，对民族精神的弘扬也有一定的影响，有的人认为，"和平年代不再需要民族精神，民族精神对我们已经不重要了"。这种想法明显是片面的，现阶段我国依然是发展中国家，精神文明建设的任务依然没有完成。民族精神依然是当代国家和民族的精神支柱。武术的民族精神教育是特殊的，是其他文化所没有的。因此，大力挖掘武术中的民族精神，然后应用到学校武术教育中是当代武术的重要历史使命。

（四）武术教育担当青少年人文思想的培育

当代武术教育已经成为一种重要载体，成为一个民族传播精神和文化的平台。

武术文化是社会和农业文明的产物。它具有丰富的人文性、地方友谊性等特征。这是由于中国传统文化中的"小农经济"长期影响着人们的思想所导致的，这种思想强调人与自然的融合。它把"修身、齐家、治国、平天下"作为实现社会价值的模式。在这种环境下孕育出来的文化是中国所独有的，其核心是以人为中心，它的文化与西方文化完全相反，西方体育文化以竞技为主体，追求冒险、刺激、挑战等特点；东方文化属于内倾型的文化，不与外争，如武术中的"和谐"思想等。现阶段，许多外国人开始喜欢东方的传统文化，他们开始学习太极拳，通过习练太极拳来感受东方的文化之美，学习中国传统的优秀文化，追求"和谐"的生活方式。当今，人文已经成为新世纪人们共同关注的话题，因此，武术教育应在传统文化的基础上更加地向人文方向延伸，在世界发展中拥有自己的一席之地。

三、武术健康的当代使命

科学确定健康中国的内涵和实施路径，是科学编制健康中国建设规划，促进中国健康建设的基础。

（一）武术助力学校的健康教育

武术在当代学校教育中主要发挥着三个作用：健身作用、防身作用、培养积极向上的价值观。当前学校体育的教学目标主要是通过增强学生们的体质，从而达到健康的目的。武术的健身功能已经被大家认同，武术进校园，第一，它具有强身健体的作用，通过武术动作的练习，同样能达到其他体育项目所能达到的效果；第二，它还具有防身的作用，习练武术可以帮助人们学会简单的防身动作；第三，武术可以培养人的精神，武术的学习经常伴随着民族英雄故事，通过这些故事，可以培养学生积极的精神，树立正确的价值观。这三个作用应该是当代武术在学校中应该发挥的作用。

但是在现阶段，高考是应试教育的现实环境下人们所共同关注的方向，在这种"高考决定命运"的环境下，体育课一再被排挤，一直被家长和教师忽视，沦落为边缘课程。由于深层次的文化根源和实践教育问题，长期以来，体育教育的现状已成为众多有识之士特别关注的问题。

另外，现在的学校武术教育存在着很多问题，如教师问题、教材问题、教学内容问题、教学方式问题、教学评价问题和场地器材问题等，可以说这些问题都是表面问题，也就是形式问题。最根本的问题是具有民族特色的武术技术体系怎样才能在现代教育中得以传承并发展。在西方现代体育教育体系中，它们主要强调的是身体被动接受知识灌输和理性塑造，并不关注身体的自我感知和感受，所以对于身体的认知也主要集中在这些物理指标上。因此在西方体育教育体系中没有用身体主动地去感悟这个概念。而中国传统的武术教育体系强调身心合一，注重身体的自我意识和感受。这是东方式的感性思考和理解，也是世界发展的趋势，因此武术的发展要突出我们的传统特色，以"身体感悟"为出发点，让武术教育更好地服务青少年。而如何发挥我们的优势则成为研究武术教育的重点，我们应学习传统武术中的精髓。传统武术教育是一种自我获得，它更注重武术技能身心的共同转变，如在传统武术体系中武术技能的学习往往在日常生活体系中进行，武术教师更多的是言传身教，强调学生更多地去练习，只有通过不断反复的练习，这些武术技能才能在潜移默化中融入学习者的身体和生活中。它注重身心整体感受和综合能力，强调通过身体内在的变化来改善自己的精神境界。了解传统武术文化的内涵，从身体角度反思和认识武术教育中存在的问题和困难，不仅可以使武术教育质量进一步提高，还可以促进武术的继承和发展。因此，在当代武术教育中应该着重加强学生的体质教育，让学生更多地去练，而不是听和看，要注重让学生获得实质性的感受，从而获得更多的身体感受，只有这样，才能突出东方的优秀传统文化特色，才能立足于世界文化之列。

（二）武术传递健康生活理念

"健康是促进人的全面发展的必然要求，也是广大人民群众的共同要求。"全民健康是全面建设小康社会的基石及核心目标之一，也是全面建成小康社会的重要保障。因此，武术应以传递健康理念，培养自我练习为主要目标。近年来，武术迅速发展，出现了以社区为群体的锻炼方式，锻炼的内容主要是太极拳、太极推手等，武术在当代被人谈论最多的是它的"养生"功能和"修身养性"的作用。中国的养生之道根据发展规律采取了一定的方法，从而达到提高生活质量的目的。中国人的健康观认为，各种保健方式通过调整精气神来改变人体内部的东西。

当今武术独特的健身养生功能已为大众接受，这也是武术在当今社会继续发展的最重要依据。武术的养生功能包括两个方面，一方面是强身健体；另一方面，促进人体生理机能的增强，保持健康，促进人体精神状态的优化。武术不仅可以锻炼，而且可以促进精神、气和神的内在统一。练习的过程中讲究必须与"心""意"紧密结合，充分发挥想象与意识的作用，通过锻炼达到身心健康。此外，这已被无数人的做法证明，最典型的就是太极拳。太极拳倡导

"自然的松弛""运动与静力的结合",太极拳发展到现代,人们越来越重视其健身和实用价值,它通过自然的呼吸可以调节人的心理,排解心中的杂念,放空于当下,这种运动方式使人们的身心健康得到协调和发展。通过认识武术,人们认识到了养生,通过练习武术,人们得到了"养生之道"。

武术的另一个重要功能则为修身养性,修身养性一词最早出现于《孟子·尽心上》:"尽其心者,知其性也。知其性,则知天矣。存其心,养其性,所以事天也。夭寿不贰,修身以俟之,所以立命也。"在这个时期,孟子认为修身养性是通过充分实践内心的觉知,就会感悟到生活之法,武术的"修身养性"功能从表面意思上来讲,是说在武术习练的过程中,一方面可以起到"修身"的作用,这里的修身指的是通过学习达到强身健体的效果,另一方面则可以起到养性的作用,这里的养性指的是培养良好的品性,武术的习练过程中强调"体悟",用身体去感悟动作、拳理、呼吸,同时也在感悟人生。武术的习练过程同样是一个体悟人生的过程,武术中蕴含着丰富的哲理,如"以德服人""以礼服人"等思想,对于人的修身养性有着重要作用。

因此,武术服务于国民健康,首先应"唤醒"国民的健康意识,传递健康的生活理念。伴随物质文化水平的提高,人们越来越注重健康,开始选择各种各样的运动方式。李先雄、杨芳在《我国不同年龄群体的体育锻炼特征及发展对策研究——以湖南省为例》中发现,老年人比较喜欢的体育项目是跳舞、慢跑、武术等;中年人会选择跑步、爬山、骑行等;青年以及青少年健身方式比较丰富,包括球类、跑步、登山等。从年龄段来看,"武术的发展仅仅只是服务于老年人的健康",从国民选择锻炼方式的角度出发,选择一项体育运动主要是出于兴趣,其次就是关注它的健康作用。健康作用是影响国民选择锻炼的因素之一,国民选择武术锻炼的主要原因是它的健康养生性。若想传递健康理念,首先应丰富健康理论体系。

(三)武术为"健康中国"增添活力

随着时代的前进,人们的生活水平大大提高,但人们在追求更好的生活品质的同时,往往忽略了健康的生活方式。新时代对健康提出了新的要求,健康中国口号的提出在于呼吁人们重新认识健康理念,通过认识来强化人们对于健康重要性的重视。现代意义上的健康,不仅仅局限于身体健康,还包括心理和精神上的健康。如今,工作、生活上的压力通常使人的身体"透支",造成一些隐性疾病,而我们却不易发觉,长时间积累就会引起各种疾病。生活水平的提高不仅仅是生活质量的上升，还包括健康的生活方式和良好的健康意识。现在，很多老年人都开始注重健康养生，习练太极拳、健身气功等，而很多年轻人忙于工作、娱乐、社交等，忽视了身体健康的重要性。健康中国提出的目的在于呼吁全民健身，通过健身达到强身，从而提高国民整体的身体素质，而武术的功能恰恰符合当代"健康中国"的需求。

2016年10月，中共中央、国务院印发了《"健康中国2030"规划纲要》，明确提出："继续制定实施全民健身计划，普及科学健身知识和健身方法，推动全民健身生活化……扶持推广太极拳、健身气功等民族民俗民间传统运动项目。"为中国武术的健康作为创造了时代空间。不仅如此，中国武术还应当争取成为体育健康主力阵营中的排头兵，这是文化复兴背景下武术履行健康主体责任的关键。

中国武术历史悠久，以其广泛性和深度而闻名。但是近代以来，随着西方文化的强势介入，以东方文化为代表的中国武术受到了前所未有的冲击。"文化武术"已逐渐背离"文化"，演变成"体育武术"，有学者指出，现在中国武术处于"错位"状态，即在竞争中保持独立，或是在竞争中湮灭个性。随着武术运动进程的不断加速，竞技体育迅速成为武术发展的主流。不得不承认，竞技体育为武术的传播做出了一定的贡献，但参与竞技武术的人数在少数，其健康作用并不能被大众认知，因此，竞技体育并不是武术传播的最好方式。武术要发展、普及、传播，这一切都离不开大众，大众是传播发展的基础，而大众的健康则是重中之重，所以，武术的发展应该迎合大众的健康需求。尽管现在大众武术受到了国家的重视，也在快速发展，例如，国家组织武术工作者创编的24式简化太极拳、健身气功等，受到了大众的追捧和喜爱，但大众武术的发展却"停滞不前"，这值得每个武术工作者深思，脱离了大众健康的武术就如同"鱼儿离开了水"，可以发展，但不会长久，它会随着时间的迁移，被历史推翻。因此，武术的发展应服务于大众的健康，武术的发展方向应更倾向于科学性的健康研究，依据科学原理来创编更丰富的武术套路是当代武术的发展之路。

四、武术文化传承的当代使命

武术文化的传承反映了中国传统文化观念的继承与发展。中国武术文化的传承实际上是祖先智慧的保存和传承，以及他们用肢体语言记录下来的历史记忆和文化符号。武术文化的精髓继承了民族精神和思想文化。同时，继承武术文化也是民族文化自信、自尊的体现，弘扬民族文化为"文化强国"增添了强劲的动力。因此，研究中国武术文化传承其实就是对中国传统文化的真实反思与探索。

（一）武术传承中国优秀传统思想

作为中国传统项目，武术历史悠久，蕴含着丰富的文化内涵，是中国优秀传统文化的代表之一。与西方体育不同，它的文化元素不是单一的，而是多元的。它将儒家、道家、佛家等多家思想融合，其丰富的文化内容代表着东方的主流思想。

1."仁义之勇"思想

武术在漫长发展史中深受儒家思想的影响，孔子以"六艺"为教学内容，同时他把"知、仁、勇"作为绅士修养的最高境界，强调仁和爱的结合，讲究尚武重德的精神，这正是习练武术的最高境界。

武术形成的具有东方伦理色彩的武德文化与儒家的"知""仁""勇"理念相合相契，"智者不惑，仁者不忧，勇者不惧"，它深刻地反映出了中国传统礼教文化在各实践领域的交织。人所以立，信、知、勇也。"信不叛君，知不害民，勇不作乱"，这都是儒家的主流思想。孔子的学生公良孺忠诚贤惠，在孔子十周年的旅行中，公良孺始终陪伴在孔子身边，当孔了到了某地时，他们被人拦截，不允许通过，于是公良孺说道："若与夫子再罹难，宁斗死"，于是同蒲人奋力搏斗，蒲人在公良孺的勇武精神面前害怕起来，最后不得不将孔子一行安全放行。这种"勇"是一种精神，是一种不怕死、不怕输的精神。当然，孔子提出"勇"也需要一定的节制。"君子义以为上。君子有勇而无义为乱，小人有勇而无义为盗"，孔子提出"勇"同时也需要"义"，这里的"义"当然也包括"仁"，这种"仁义之勇"充分展现了武术的独特魅力，对待敌人既以"仁"相待，又不惧怕敌人。

2."体悟"思想

提到佛家，就会想起少林武术，虽然佛教传入中国的时间要晚于武术的历史。但是，佛教对武术的影响是深刻的。佛教的精髓在于禅修与佛教的结合，主张"禅武结合"与"修心"。佛教禅修精神使武术在实践过程中非常重视"修心"，认为只有"修心"才能让人真正冷静下来。

"体悟"的简单字面意思是利用身体去感悟，看似简单而深刻的内涵哲学，对武术来说却是意义重大的。武术在习练的过程中注重身体感受，以自我为中心，摈弃心中的杂念，把精神、意念集中于一处，这种体悟有利于体悟人生的哲理，排解心中的不愉快，以这样的心态看世界，我们可以理解人生的起伏，摆脱心中的盲目欲望。所以向内心世界的反馈应该关注世界上所有事物的和谐共存。武术中有许多拳种要求打坐，在练习之前需要屏息凝神、去除杂念，这是中国传统文化特有的精髓，是立足于世界的根本，虽然武术是一种"小技术"，但它可以让人们体悟到"大道"。

3. "天人合一"思想

道教崇尚自然，倡导安静无为，反对斗争。道家认为"道"是宇宙万物的起源。老子说道："道生一，一生二，二生三，三生万物"，道家认为一切事物都起源于道，经过长期的发展，万物最后又归根于道。道家的"天人合一"思想对武术产生了重要作用，"天人合一"思想包含人与自然的和谐、人与人的和谐、人与社会和自身的和谐统一三个层次。

中国传统文化道家的"天人合一"思想强调"和谐"的重要性，特别是根据道家"无为而无不为""上善若水"等哲学辩证思想创立的太极拳、导引术等，通过习练武术，可以让人们体验到一种超然的感受。缓慢的动作、内蕴的劲力、自然的呼吸、无羁的意念，通过运动达到的人与自身的和谐统一，充分使自己放松下来，去体会人生的真谛，排解生活中的烦恼，充分感受人与自然的和谐，这是现代社会所需要的，也是武术多样化发展的一个方向。

（二）武术传承中国精神

中国精神是社会主义核心价值观的具体体现。中国精神是中华民族的灵魂。其内涵深刻、意义深远，体现了社会主义的基本道德规范。在过去五千年历史的发展过程中，中华民族形成了以爱好和平、勤劳勇敢为核心的伟大民族精神。对于中国精神而言，武术精神的内涵是多样的。随着中国武术的发展及其所处的社会背景，它在不同的历史背景和社会时期表现出不同的文化和精神内涵。

1. "尚武"精神

原始社会是中国武术发展的萌芽阶段，武术的出现是为了满足基本的生活需要，在这个时期，武术并不是真正的武术，它仅仅是一种萌芽形态，但是在精神方面它已经产生了"勇敢，不怕死，压倒一切的精神"，这是武术精神在早期的体现，它随着人们的社会生活而产生。商周时期，由于社会生产力不断提高，武术在军事战争中的作用越来越重要。"以拳为勇"的思想观逐渐形成，"人们有一种从事武术活动、参与武艺的较量，以追求战胜对方的满足感，并把通过武艺竞技取得胜利与人们的英雄观、快乐满足感、荣誉感等一系列社会心态联系起来，崇敬强者，以武艺的高低决定社会地位"。这个时期，武艺的高低决定着社会地位，武术精神的演变与发展促进了武术的社会发展，还使"尚武"精神成为当时社会发展的重要特征。春秋战国时期，所有国家都非常重视武术，"齐愍以技击强，魏惠以武卒奋，秦绍以锐士胜。"这是中国历史上的百强之争。文化的繁荣时期也是中华传统文化发展史上的第一个光辉时期。各种文化思想的影响和作用给了中国武术丰富的思想内涵。此时，在"天行健，君子以自强不息"精神的影响下，武术始终保持着一种"刚性"的文化性格，它已经体现了"自强"的民族精神，同时开始体现厚德载物的精神。在《庄子·说剑》一文中，剑士的剑术也表现出"有胆识""不怕牺牲"的精神。

自秦朝开始，为了保护统治阶级的利益，秦始皇采取一系列政策禁止民间武术的发展，将散落在民间的武器全部收集起来，集中销毁并铸成12个巨大铜人，提出"罢讲武之礼为角抵戏"，秦朝的禁武在一定程度上限制了武术的发展，使它向武术的娱乐化方向发展，推动了武术的多样化发展。

"在汉代，武术的盛行使中国武术表现出审美娱乐的价值和功能；理学的兴起和发展导致了道德伦理的本质渗透到武术发展中，深化了武术道德伦理文化。意识使中国武术'尚武崇德'的精神显现出来。到明清时期，武术为中华民族的自强不息和奉献精神辩护，真正发展成为中华民族精神的载体"。

2."自强"精神

鸦片战争打开了沉寂许久的国门，随着外国列强的入侵，国家面临着灭亡的危机，在这个接近生死存亡的关键时期，国家自强不息的精神再次被唤醒。人们希望通过武术所特有的精神来激励人民保卫国家，抵制侵略，保护我们的家庭和尊严。在这个历史阶段，中国武术精神发挥了重要的作用。人们在这种武术精神的引领下，顽强拼搏，奋勇杀敌，最终战胜了强大的帝国主义。到20世纪初，西方国家对"中国形象"依然带有贬低色彩，这种看法甚至一直持续到了现在，这与我们的精神文化有关，原因在于自身对自身的精神、文化不够自信。"在文化领域，数千年来一直保持统治地位的传统文化并没有被动摇，却在西方文化中遇到了极大的挑战。"在精神文化抵制的过程中，我们面对自己的传统文化信心不足。现在我们也在慢慢找回我们的自强精神，武术精神经过了几千年的锤炼，承载了历史所遗留下来的优秀民族精神，这就是中国精神的一部分，也是极其重要的一部分。武术中的精神是我们需要继承的，并不是国家富强之后，武术精神的作用就会消失，它一直存在着，而且在这样一个时期，我们更应该去继承它，不要等到危机的时候才想起它的重要性。因此，中国精神需要我们共同的重视和保护。

（三）武术展现国家形象

国家形象是一个国家软实力的重要组成部分之一。"当今时代，国家形象已成为国家利益的重要内容。然而，海外媒体特别是一些西方主流媒体对中国大量欠公正的甚至恶意放大或歪曲丑化的报道与评论，严重损毁了中国国家形象。对于中国而言，展现文明、民主、开放、进步的良好国家形象，努力营造客观友善的国际舆论环境，增强国际话语权，提升国际影响力，既是现代化进程的应有之义，也是决定着和平发展道路的根本性问题，对于实现中华民族伟大复兴的中国梦具有重要意义。"

一个好的国家形象就像是一个巨大的无形力量，它可以产生强烈的吸引力，吸引更多的国家来学习中国的文化。

自20世纪80年代以来，我们在惊讶和感叹中享受科技和信息带给我们的优秀果实，在不知不觉中受到了外来文化的影响，以外来的文化为评价标准，以彰显我们的生活的优越性。外来文化确有一些优秀文化，但它是带有侵略性的文化。现阶段，文化代表着一种无形的影响力，其广泛传播已成为当代世界发展趋势。在这一新时代中，文化已经渗透到生活的各个方面，成为国家的一种软实力，如果一个国家的软实力较强，就代表着它的综合影响力较大，那么就能促进别的国家追随这种文化。因此，在文化影响力日益增强的今天，争夺文化的主动权成为各个国家关注的重点对象。

"在中国文化重新崛起的21世纪，中国武术早已超越了技术层面的有限意义，而具有中国文化形象的象征意义"。中国武术是中华民族优秀的传统技艺，也是中国优秀传统文化的典范。在中华文明的悠久历史中，中国武术的发展与中华文化的发展同步并紧密相连。在历史不断发展的过程中，中国武术不断吸收传统文化的营养成分，深受传统文化中的多种思想影响，如传统美学思想、传统道德观等多种传统文化的渗透以及道德等方面的各种教条性限制，这些思想对中国武术的发展产生了深远的影响。

武术所展示的"中国形象"是多种多样的。一方面，武术中的"和谐"代表着中国形象，例如，握手礼、抱拳礼等，代表着谦逊的态度，正如中国在开展外交活动时一直秉承"以和为贵"的思想，不搞霸权主义，维护各国之间的友好关系。另一方面，武术代表着"勇猛"的形象，如武术中许多拳种内劲十足，而且常伴有声音，技击性非常强。这正代表着中国大国、强国的形象，中国有着雄厚的实力，但轻易不"发威"，中国有着强大的实力是有目共睹的，这也是中国不同于其他国家之处，这种"性格"是在中国几千年来的历史传统文化中保留下来的，是祖先馈赠给我们的财富。

一"和"一"张"两种不同的形象组成了中国最基本的形象，可以说武术所代表的正是中国在当代所展现的国家形象，强大而不失风范，既有"犯我中华者，虽远必诛"的气势，也有"宽以待人"的态度，这正说明武术是一项很有内涵的运动，它的内容形式是多样的，它的文化内涵是丰富多彩的，正如清代思想家、教育家颜习斋所述："一身动则一身强，一家动则一家强，一国动则一国强，天下动则天下强。"这代表着武术运动的崛起将带动一个国家的崛起，武术所展现出的形象也会随着国家的强大而更加丰富。

另外，中国武术文化也表现出"豁达"的文化特征。正如董仲舒所言，"大德莫大于和，而道莫正于中……是故能以中和理天下者，其德大盛；能以中和养其身者，其寿极命。"武术文化的"豁达"主要表现在太极养生项目上，通过随心、随性的练习，将武术诠释为另一种境界，这种形象同时也存在于国家之中，如对"邻里"的豁达、对"朋友"的豁达、对"敌人"的豁达等，这都表现出来一种大国的风范，这种海纳百川、包罗万象的风范即"豁达"。

（四）文化传承的当代路径选择

在鸦片战争中，列强用坚船利炮轰开了国门，同时也轰塌了国民的文化自信。从此，我们被西方文化"牵"着走，别人做什么，我们模仿什么，在这样的环境下，导致我们民族文化的颓废和丧失，在文化的竞争中丧失了主动权。这其中也包括了武术文化的丧失，武术的体育化、竞技化，越来越远离武术本身。"学校武术走进了一个无人教、无人学的境域中；竞技武术的发展成为竞技体育中的另类，参与人数在不断地萎缩和孤零；老少皆爱，价值和功能多元化的武术，正成为弱势群体自娱自乐放任自流的文化存在形态；自成体系，传承有序的传统武术，需要加以保护"。

当代竞技体育盛行，而中国传统文化武术的发展不尽如人意，这就需要我们重新认识本民族的文化，加强文化自塑，建立文化自信。当我们在看到西方优秀文化的同时，他们也正慢慢欣赏中国文化，许多诺贝尔奖获得者认为东方的文化可以解决世界上的问题，这表明东方文化早已被世界认识并受到追捧，越来越多的人表示想了解并学习中国的文化，正如北京大学许渊冲教授在"开学第一课"中提到："我们中国人，就应该有自信，就应该有点狂的精神。"今天，无论西方体育发展得多么迅速、发展得多么好，它都不足以威胁到几千年的中国传统文化。民族文化的发展和复兴，离不开文化自觉与自信，任何一个民族的文化自觉与自信，都离不开本民族优秀文化传统的传承，如果离开本民族文化传统的传承，文化建设和发展就成为无源之水、无本之木。值得注意的是，任何文化传承都必须立足于文化自觉与自信。只有如此，才能推动社会主义文化大发展、大繁荣，最终建设文化强国。因此，我们应该对我们的文化树立自信，只有我们对自己的文化自信了，才能使国家更自信，而我们的自信需要良好的文化传承，只有进行良好的文化传承，才能使我们的文化更加丰富多彩，因此，现阶段武术文化传承承担着文化强国的历史使命，需要我们去做的还有很多。

1. 正确定位武术文化传承的精髓

武术已经延续了数千年，它并没有被打断。主要原因在于武术不断适应时代和环境的变化，表现出来武术的内涵和功能也各不相同，武术的功能在不同时期表现出不同的内容。在武术发展过程中，从军事功能开始逐渐向体育属性发展，到了现在具有明显的体育属性，它起到提高身体素质、健身自卫等作用。我们并不否认武术是中国传统体育领域的一项运动，但是，我们不能忽视武术融入传统哲学、伦理学、健康科学、军事科学、中医药等诸多传统文化思想观念的事实。可以说，武术既属于体育又不属于体育，它与西方体育有着明显的差异。西方体育运动从人体解剖学的角度分解，遵循人体运动的原理；而武术从整体运动的概念出发，强调"内外"的"一体性"和"形与神的结合"，强调精、气、神和运动的协调。

中国武术是一种有深刻内涵的肢体语言。个人练习武术的过程就是锻炼自己个性的过程。武术的"体悟"思想也是对自己人格的追求和提升。武术既具有西方体育的功能，又具有其他体育项目无法比拟的文化内涵和东方文明的独特哲学性、科学性和艺术性。在"弘扬中华文化，建设中华民族共同精神家园"的大趋势下，当今社会快速发展，我们不能把经济发展作为社会进步的唯一指标来衡量我国的综合国力，传统文化也是强国不可或缺的一部分。

我们不能将武术视为纯粹的体育项目，应该把武术视为超越体育框架的文化。我们必须对武术有一个非常清晰的认识。武术是文化的一种形式，它是多种文化的集合。武术技术的存在只是它的外在表现，中国武术的核心意义在于其技术之外的文化。只有正确认识和定位武术，才能更准确、更精确地开展武术文化研究。

2. 保持"文化自觉"，坚持走武术的文化创新道路

费孝通先生提出了"文化意识"的构想。这主要意味着生活在某种文化中的人们对于他们的文化必须具有自己的认识。就世界而言，文化意识还包括了解各种文化的需要，增强在多元文化世界中建立自己的文化的能力，然后适应其他文化。我们必须建立共同承认的基本秩序，形成共同发展的共存原则。

中国人应该有自己的文化意识。武术文化是民族精神的重要标志。它蕴含着中华民族独特的思维方式、想象力和文化意识，并载有一个国家或民族文化生活的规范。在武术文化传承的过程中，坚持武术文化意识和发现传统，更有利于维护传统，这对国家乃至世界人民都具有长期的价值和深远的意义。此外，我们应该自觉地参与"文化创新"，这将有助于我们摆脱落后的文化观念，改变过时的文化思维方式。文化创新将帮助我们组织和探索中华文化的本质，研究和诠释新的意义，增强中国人的文化意识和文化自信心，赋予国家在文化竞争中的主动权和话语权。没有文化创新，就不能提高全民族的科学文化水平，增强综合国力和文化软实力；没有文化创新，我们无法唤醒人们对文化可持续发展和进步的推动。因此，我们应该时刻保持"文化自觉"，坚持走当代武术的文化创新道路。

3. 文化传承需要"共建共享"

随着共享经济快速发展，人们开始利用互联网将自己的东西快速地共享出去，如共享单车、共享充电宝、共享雨伞等一系列产品。目的是使资源利用达到最大化，武术应该搭上改革的"顺风车"，利用互联网时代的便捷性，将自己更全面地推出去。例如，我们可以把一些稀有的拳种、拳谱共享出来，有利于人们了解武术的起源，我们也可以把自己练习武术的视频上传到网上供大家互相学习，这些东西就是共享时代带给我们的便利。因此，我们一定要利用好

资源，共同丰富武术的文化内容。"共享"需要"共建"，我们在网上学习的同时，也要把自己收集的资料或者有关的东西分享给大家，或许对自己来说不重要的东西，可能恰恰是别人所需要的。我们只有把武术的资源"共建"好，才能在需要的时候快速地获得想要的东西。

"共建共享"需要每个人的共同努力，武术文化传承更是如此，共同打造武术理论基础，丰富武术文化背景，分享武术文化的乐趣，随时随地都能让所有人看得见、摸得着。那么，武术离我们的距离就会越来越近，武术的发展也会随着改革的春风越吹越远、越吹越广。共同建设是全社会成员的共同责任，共享发展成就是人民的权利。"共建"是"共享"的前提，"共享"是"共建"的目的。只有携手共同发力，才能更好地为文化传承增添色彩。

第五节　中国古代射箭文化

一、中国古代射箭溯源

（一）神话故事与历史传说中的弓箭发明

中国神话故事是远古时期人民在劳动中创作出来的一种民间文学，表达了中国古代劳动人民对美好生活的向往及追求。我国最早进行神话研究的专家曾经说过："据我的武断的说法，中国的太古史或说得妥当一点，我们相传的关于太古的史事，至少有大半就是中国的神话。"因此，研究中国远古时代的射箭必须借助于神话故事。《荀子》《孟子》《列子》等著作中也记载了很多神话故事，其中有一些就涉及射箭的故事。《山海经》是中国古代保存神话故事最多的一本书，大家耳熟能详的夸父逐日、精卫填海、大禹治水等神话故事都出自这本书。历史传说是一种民间口头叙事文学，传说中的历史人物、事件以及风土人情等一般以历史特征为依据，传说中的人物很多是基于历史上存在的真人进行了改造和加工，使其具有一定的传奇色彩，是劳动人民的智慧结晶和民间文化精华。

《山海经·海内经》中记载弓箭是一个名为"般"的人发明出来的："少皞生般，般是始为弓矢。"《帝王世纪》一书中讲道："太昊帝庖牺氏，风姓也，母曰华胥。燧人之世，有巨人迹，出于雷泽。华胥以足履之，生庖牺于成纪。蛇身人首，有圣德，为百王先。帝出于震，未有所因，故位在东，主春，象日之明，是称少暤，一号黄熊氏。"少暤在汉族神话中被尊为五帝之一，是远古时代华夏部落联盟首领，同时也是早期东夷族的首领。般是少暤的儿子，传说就是般发明了弓和箭，使人们战胜野兽的能力大大提升。

历史传说中也有一些关于弓箭发明的记载。《古今图书集成》戎政典二百七十四卷弓矢部纪事引《外纪》："黄帝命挥作弓，夷牟作矢以威天下。"又引《世本》曰："挥作弓，夷牟作矢，皆黄帝臣弓之神名，曲张矢之神名续长。"在考古学上，传说中的黄帝时代相当于仰韶时期。这些都是神话故事和历史传说，由于远古时代没有文字，所以无法证实究竟谁是弓箭的发明者。但是因为弓箭缘起于获取生活资料和保卫自身安全，所以虽然无法确定弓箭的发明者，但可以肯定的是，弓箭是由史前社会勤劳善良的劳动人民集体智慧创造出来的物质文化遗产。

（二）历史传说中的著名射手

中国古代的历史传说中记载了很多著名射手或射箭英雄的故事。

1. 羿

羿是历史传说中记载的著名射手。《管子》中记载："羿，古之善射者也。调和其弓矢而坚守之。其操弓也，审其高下，有必中之道，故能多发而多中。"可见他掌握了射中目标的规律，能做到百发百中。也有传说弓是羿发明的，在《墨子》中就有一句话："古者羿作弓。"《淮南子》中记载："羿左臂修而善射。"这从《山海经》中亦可见一斑："羿与凿齿战于寿华之野，羿射杀之。在昆仑虚东。羿持弓矢，凿齿持盾。一曰戈。"凿齿是传说中一种亦人亦兽的神人，长着像凿子一样的长牙露在嘴外。因为凿齿掠食人类，所以帝尧命令羿前去讨伐。在昆仑山的东面，凿齿看见羿带着弓箭找上门来，慌忙拿起盾牌迎战，最终被羿一箭射中心窝。

人们所熟知的是后羿射日的故事。《淮南子·本经训》中记载："逮至尧之时，十日并出，焦禾稼，杀草木，而民无所食。猰貐、凿齿、九婴、大风、封豨、修蛇皆为民害。尧乃使羿诛凿齿于畴华之野，杀九婴于凶水之上，缴大风于青丘之泽，上射十日而下杀猰貐，断修蛇于洞庭，禽封豨于桑林，万民皆喜，置尧以为天子。"

在这段广为人知的历史传说中，羿就是使用弓箭完成了造福百姓的壮举，这既是对羿的歌颂，也是对弓箭这个中国古老的兵器的歌颂，这个故事典型地反映出中国古代传说中的厚生爱民思想。在中国历史传说中，英雄人物总是无所不能，他们有超凡的能量，能在危难之际腾空出世，解万民于倒悬，反映了勤劳勇敢的劳动人民对美好生活的迫切愿望。

2. 逢蒙

传说中，羿射日之后，由于其高超的神箭射技名声大噪，很多人蜂拥而至想跟他学习射箭，但是除了逢蒙，其他人都学不会他的射技。逢蒙开始学射箭的时候，羿跟他说："你要学射箭，先要学不眨眼睛，去把这项本领学会了再来告诉我吧。"于是逢蒙回到家里，就成天仰躺在他妻子的织布机下面，眼睛紧盯着织布机的脚踏，脚踏不停地动，而他的眼睛努力保持不动，这样过了一段时间，即使拿锥子尖去逼近逢蒙的眼睛也休想使他的眼睛眨一眨。当他将这个成绩告诉羿后，羿告诉他这样还不行。第二步还要看东西，要学会把小东西看成大东西，把不显眼的东西看成极其显眼的东西。到那时候再来找他。于是逢蒙回到家中，找了一根牦牛尾巴上的毛，毛上拴了一个虱子，然后将其悬在南面窗户那里，每天就紧盯着看。这样练习了十多天，虱子在他眼中一天天变大了，直到有一天虱子看上去有车轮那样大了，这时候再看别的东西，简直每样东西都成了大山小山。于是逢蒙又欢天喜地地跑去把他取得的这个成绩告诉老师，这时，羿听了以后点点头对他说："你现在可以学射箭了！"于是把自己所有的本事毫无保留地教给了逢蒙。后来，逢蒙的射箭技术日臻完美，跟羿不相上下了。《孟子·离娄下》对此有所描述："逢蒙学射于羿，尽羿之道。"逢蒙的射术有多高呢？《列子·仲尼》中对逢蒙的徒弟——鸿超的射箭技术进行了描述：因为鸿超对妻子大发脾气，想要吓唬吓唬她，便用乌号的弓、綦卫的箭去射她的眼睛。速度快到箭头已经要碰到眼珠子，他妻子还没来得及眨一下眼睛，箭已经掉到地上，由于落下去的时候非常轻巧，所以连一点尘土都没有飞扬。鸿超射出去的箭不仅速度极快，而且用力刚刚好，刚要碰到眼球时，力量刚好用完，简直太神奇了。他的徒弟技术都这么高了，逢蒙作为鸿超的师父，其射术高超自是不必说了。然而，逢蒙虽然射技高超，但是人品太差，传说后来因为天下只有羿的射术超过他，就杀死了自己的师父羿。《孟子·离娄下》中说逢蒙最后将羿杀死："思天下惟羿为愈己，于是杀羿。"对此，孟子评价道："是亦羿有罪焉。"公明仪觉得好像这件事情羿没有什么过错啊！但是孟子却认为过错不大就是了，但是怎么能没错呢？孟子讲了一个故事："郑人使子濯孺子侵卫，卫使庾公之斯追之。子濯孺子曰：'今日我疾作，不可以执弓，吾死矣夫！'问其仆曰：'追我者谁也？'其仆曰：'庾公之斯也。'曰：'吾生矣。'其仆曰：庾公之斯，卫之善射者也，夫子曰'吾生'，何谓也？曰：'庾公之斯学射于尹公之他，尹公之他学射于我。夫尹公之他，端人也，其取友必端矣。'庾公之斯至，曰：'夫子何为不执弓？'曰：'今日我疾作，不可以执弓。'曰：小人学射于尹公之他，尹公之他学射于夫子。我不忍以夫子之道反害夫子。虽然，今日之事，君事也，我不敢废。"说完，庾公之斯便取出箭敲击车轮，去掉箭头，射出四箭，然后才回去。孟子虽然没有直接说为什么羿自己也有过错，但是用这个故事告诉公明仪，子濯孺子善于选择和教育学生，注重学生的人品正直，相信学生尹公之他也会像他一样选择和教育学生，所以知道庾公之斯不会杀他。可羿未能正确选择和教育自己的学生，没有观察到逢蒙的人品，缺乏对他的教育，最终才招来了杀身之祸，所以，羿对于自己的被害也应该担负一定的责任。

3. 甘蝇、飞卫和纪昌等

《列子·汤问》中记载了甘蝇、飞卫、纪昌等著名射手的故事："甘蝇，古之善射者，彀弓而善伏鸟下。弟子名飞卫，学射于甘蝇，而巧过其师。纪昌者，又学射于飞卫。飞卫曰：'尔先学不瞬，而后可言射矣。'纪昌归，偃卧其妻之机下，以目承牵挺。二年后，虽锥末倒眦，而不瞬也。以告飞卫。飞卫曰：'未也，必学视而后可。视小如大，视微如著，而后告我。'昌以牦悬虱于牖。南面而望之。旬日间，浸大也；三年之后，如车轮焉。以睹余物，皆丘山也。乃以燕角之弧、朔蓬之簳射之，贯虱之心，而悬不绝。以告飞卫。飞卫高蹈拊膺曰：'汝得之矣！'"根据这段文字描述，我们首先可以厘清甘蝇、飞卫和纪昌三人之间是师徒关系。

甘蝇是飞卫的师父，飞卫又是纪昌的师父。并且，他们三人都有非常高超的射箭技艺。如甘蝇，只要他一张开弓，走兽便趴下，飞鸟便落地，可见射箭技艺的精湛。飞卫的技巧更是超过了其老师甘蝇。纪昌学到师父的射箭本领用了整整五年的时间，而且需要不怕苦、不怕累、不怕枯燥无味才能坚持下来。

神话和传说虽然是文学作品，记录的事迹未必是真实的历史，但它并不完全是作者凭空臆想出来的，而是源于生活、源于广大劳动人民的宝贵精神财富。试想，如果当时没有射箭这项运动，古代劳动人民根本不可能创作出以射箭为题材的作品。根据神话传说中的描述，我们可以推断：在早期，出于生产生活的需要，人类发明了弓箭，这对人类发展起到了重要作用。随着射箭技艺的提高，人们对它寄予了很高的期望，并将这种期望融入和表现在神话传说中，让今天的我们看到了能够射日的羿、射箭技艺高超精湛的甘蝇和飞卫以及面对困难勇往直前的纪昌。

（三）石镞的考古发现

1963年，我国考古学家在山西省大同盆地西南桑干河支流峙峪河与小泉河汇合的一处小丘地层中发现了旧石器晚期的峙峪遗址，并发掘出一枚石镞，经过专家使用C14同位素年代测定，确定该石镞的绝对年代距今约2.8万年。可见远古时期的峙峪人已经在使用弓箭捕获动物，从事狩猎这种生产活动。但究竟人类发明弓箭的时间有多久远呢？这个问题我们至今仍不得而知。峙峪遗址的这枚石镞是迄今为止发现最早的石镞，长约2.8厘米，石镞的原料是燧石，用非常薄的长石片制作而成。根据专家界定，这枚石镞的加工非常精细，镞的一端有很锋利的尖，制作得非常锐利。如此看来，这枚石镞应该不是人类制作出来的第一枚石镞，在此之前人类应该已经经历了很长一段时间的技术和工艺改革才达到了精细的水平。而且根据人类材料使用历史的发展特征也可以判定，这一定不是最早的箭头，在此之前应该有竹制的、木制的箭头，只是由于年代太久远，这些材料在天然环境中极易腐烂，无法完整地保存下来。《易经·系辞下》中也写道："弦木为弧，剡木为矢，弧矢之利，以威天下，盖取诸睽。"因此，人类使用弓箭的历史一定是大于2.8万年的。总之，不管人类弓箭缘起于何时，峙峪遗址的考古发现已经足以证明我们的祖先是世界上最早掌握射箭技术的人类群体之一。谢肃方先生曾经说过一句话："我们英国人还在投掷石块时，中国人已经将弓箭用在了战场上。"他的话从某种程度上说明了中国古代射箭的起源是非常早的。

二、中国古代射箭的早熟

先秦时期（公元前21世纪—前221年）是指秦王朝建立以前的那段历史时期，历经夏朝、商朝、西周直到春秋、战国等阶段。这个时期在中国历史上是自人类原始社会进入人类文明社会的重要历史阶段。著名作家黄摩崖先生在其代表作《头颅中国》中认为，"先秦文化是中国文化的源头，先秦的精神是中华文明高贵的头颅。"本研究根据文献资料情况，主要研究西周到战国这段时期的射箭。

（一）西周射礼

中国是一个有着五千年历史的文明古国，"中华文明"又称"华夏文明"，更是源远流长，一直延续至今。"中华文明"以礼乐为制度，"礼乐教化"更是其思想核心。唐代孔颖达在注疏《春秋左传》中说道，"中国有礼仪之大，故称夏；有章服之美，谓之华"，可以说，"道德礼仪"是华夏文明的主要特征。《周礼》中提及，"保氏掌谏王恶，而养国子以道。乃教之六艺，一曰五礼，二曰六乐……"这里的"五礼"是中国古代礼仪的总称，即吉礼、凶礼、军礼、宾礼、嘉礼。嘉礼是一种饮宴婚冠、节庆活动方面的礼节仪式，射礼就是嘉礼中的重要内容。

射礼是古代贵族男子进行射箭时的一种礼仪。古人在进行一些重大的活动时，常将射箭作为活动中的一项内容。《礼记·射义》中记载："是故古者天子，以射选诸侯、卿、大夫、士。射者，男子之事也"。不仅卿、大夫、士这些一般人才是通过射礼选拔的，而且那些贵为诸侯的人才也要通过射礼选拔出来。并且提到："故天子之大射谓之射侯。射侯者，射为诸侯也。射中则得为诸侯，射不中则不得为诸侯。"

可见射箭在当时社会所处的重要地位。射礼分为大射、宾射、燕射和乡射四种。西周是中国古代射礼的兴盛时期，而西周射礼是一个非常繁缛的礼制，相关的研究已经非常成熟，本文主要从体育运动这个角度出发，研究西周时期射礼中的射箭比赛。

1. 举行射礼的目的

"大射礼"是天子或诸侯会集臣下在祭祀前举行的选择参加祭祀人的射祀。"宾射"是诸侯朝见天子或诸侯相会时举行的射礼，主要是密切天子与诸侯及诸侯之间的相互关系。"燕射"是大夫以上贵族在行宴会之礼后举行的射礼。"乡射"是乡大夫在乡饮酒礼之后为荐贤举士而举行的射礼。

2. 举行射礼的时节

探究西周时期举行射礼的时节是一件比较困难的事情，首先，能够保存至今关于射礼的文献资料主要是《周礼》《仪礼》《礼记》这三礼，另有几个记录了一些具体射礼细节的诗篇，总数并不多。其次，在为数不多的文献资料中提到举行射礼季节的少之又少。由于大射礼和乡射礼在当时贵族阶级生活中占有重要的地位，因此文献中记录得相对多一些。《周礼》中记载："张皮侯而栖鹄，则春以功。"表明大射礼在春季举行。1993年河南平顶山市应国墓地M242号墓出土了一件西周时期的柞伯簋，底部铸有一段铭文。全文虽然只有短短74个字，但已经阐明了大射礼举行的时间、地点、事件、参加的人、过程以及结果。大概意思是说在八月（秋季）庚申日这天的早晨，周王在都城镐京举行了大射礼。周王许诺射中靶子最多的那个人可以得到十块红铜，这个柞伯簋就是获胜的柞伯十发十中获得了十块红铜，他为了做纪念，将这十块红铜铸造成了这个柞伯簋。因此，我们可以推测大射礼在每年春秋两季举行。《周礼》："春秋，以礼会民而射于州序。"明确记载乡射礼也是在春秋两季举行。由于涉及燕射礼和宾射礼的文献资料很少，对其举行的季节很难得到确切的答案，但从极少的资料中还是寻觅到了一些线索。

宾射礼举行的季节未能在书籍中发现线索。但西周时期麦方尊的铭文中记载了周王在辟雍举行宾射礼等事件，从这段铭文可知宾射礼时间是在二月，此时应该已经开春了。但究竟"春天"是一次事件发生的时间还是燕射礼和宾射礼举行的固定季节呢？本研究更倾向于前者。因为诸侯朝见天子或诸侯之间相会的宾射礼和贵族男子闲暇之时以宴饮、射箭为乐的燕射礼一年四季都可以举行。

3. 举行射礼的地点与场所

《礼记·射义》："天子将祭，必先习射于泽。泽者，所以择士也。已射于泽，而后射于射宫。"周天子在祭祀之前，先要在泽宫进行练习，然后到射宫举行大射礼。"泽"是辟雍周围的水池，"辟雍""射宫"即水池环绕的高地上建起的厅堂式建筑。根据袁俊杰的研究，西周射礼可以分成陆射和水射两种方式。

4. 参加射礼的人员

西周射礼一般都是周天子主持，诸侯、贵族等上层人士参加。

（二）春秋战国时期诸子的射箭思想

战国时期，赵武灵王为了防御外敌，建立了一支精湛的骑兵队伍，而汉民族的服饰不利于骑射，因此需要对服饰进行改革。但是这样的改革面临的阻力是非常大的，来自王公大臣们的反对声音非常大，赵武灵王与他们一一进行辩论，并最终说服了他们，成功进行了改革。"胡服骑射"具有非常重要的历史意义，标志着我国古代战争从"车战"转变为"骑射"，同时也是胡汉民族文化交融的结果。此外，从赵武灵王与王公大臣的辩论中可以看出，这次改革其实是一场思想文化大变革。这样的思想文化大变革其实是需要一定的社会基础才能实现的。春秋战国本身就是一个特殊时期，由奴隶制社会过渡为封建制社会，这段时期是中国历史上的大分裂时期，各国混战，在这样一个社会大变革的历史时期，人们的思想、文化都会产生非常大的变化甚至冲击，而且会发生不同社会阶层的激烈斗争。在斗争的过程中，代表不同阶级意志的人物都从本阶层利益的角度出发，对社会发展各个方面提出自己的观点和思想，这其实无形中为百家争鸣提供了一个非常宽松的氛围。

1. 儒家的射箭思想

儒家是孔子创立的学术思想流派，以孔子、孟子和荀子的思想为代表。儒家是在中国几千年历史上对中国社会政治、经济、文化、教育等诸多方面影响最为深远的一个流派，这种影响甚至一直延续到当代。孔子是大思想家、大教育家，他在教育过程中，非常重视射箭的价值。他不仅将射箭看作一种技能，更是将射箭看作一种教育手段，一种培养人的德行和进行礼仪教化的手段。他将射箭技能的优劣作为评价一个人贤能与否的重要标准。《孔子家语·观乡射》就记载了孔子对射箭的看法。"孔子观于乡射，喟然叹曰：'射之以礼乐也，何以射，何以听，循声而发，不失正鹄者，其唯贤者乎？若夫不肖之人，则将安能以求饮？'"这段话是说孔子在观看乡射礼时，非常感慨，因而深深叹息："乡射要符合相关礼仪要求，还要配上音乐。为什么要射？为什么要听从仪式的安排？其实都是为了循声而射，而且能射中箭靶，这唯独只有贤能者能够做到。如果射箭的人乃品行不好、不才之人，他怎能射中箭靶并去罚别人喝酒呢？"

因此，孔子认为只有贤能的人才能很好地完成射箭。孔子还说："《诗》云：'发彼有的，以祈尔爵。'祈，求也，求所中以辞爵。酒者，所以养老，所以养病也。求中以辞爵，辞其养也，是故士使之射而弗能，则辞以病，悬弧之义。"《诗》就是《诗经》，射箭每发都要射中箭靶，为的是让你饮酒寻求快乐。祈，就是求。祈求能够射中箭靶而使自己免受罚酒。酒有舒筋活血之功效，所以孔子认为酒者是用来养老以及养病的，祈求射中箭靶而使自己免受罚酒就是推辞别人的奉养。所以如果让你射箭，你却不能射，就应当以有病来辞谢，因为男人生来就应该是会射箭的。孔子认为射箭是男子必须具有的技能，于是他回来以后就和弟子们在矍相的园圃中习射。"于是退而与门人习射于矍相之圃，盖观者如堵墙焉。试射至于司马，使子路执弓矢出列，延谓射之者曰：'奔军之将，亡国之大夫，与为人后，不得入，其余皆入。'盖去者半，入者半。又使公罔之裘、序点扬觯而语。公罔之裘扬觯而语曰：幼壮孝悌、耄耋好礼、不从流俗、修身以俟死者不？在此位也！盖去者半，处者半。序点又扬觯而语曰：'好学不倦、好礼不变、旄期称道不乱者？在此位也！'盖仅有存焉。"这里同样体现了孔子及其弟子对射箭之人的德行和贤能的要求，尤其是当孔子让子路出来邀请参与射箭比赛的人的时候说："逃亡的将领、亡国的大夫、过继给别人为子嗣的人一律不准入场，其余的人都可以进来。"这些要求都是对一个男子尚武精神和义气的要求，听到这话，有一半的人走掉了。孔子又让公罔之裘和序点二人举起觯说："幼年壮年时能孝敬父母、友爱兄弟，年老时讲究礼仪，不随流俗，终身能够修身养性的人，请留在这里和我比赛。"这些是对一个人修养品德的要求，结果又走掉一半。接着序点又举觯说："好学不倦，好礼不变，到老都还能够言行不乱、值得称赞的人，请留在这里。"这些是对一个人好学、好礼以及终身为善的要求，结果仅剩下几个人留下没走。因此，孔子的射箭思想核心在于他讲究射箭不仅需要技能，而且需要品德、贤能、修身、养性以及尚武和积极进取的精神。不仅如此，我们从孔子在矍相园圃教他的弟子们学习射箭的故事还可以看出他对国民教育的重视，他在教弟子习射的同时，还不失时机地利用射箭对围观的群众进行教育。"射"是我国古代六艺教育之一，孔子将射箭作为一种"礼教"的手段，反映出他的射箭思想是一种实用主义思想。孔子思想体系中还有一个非常重要的内容是"仁"。在《论语》中，孔子说道："君子无所争，必也射乎，揖让而升，下而饮。其争也君子。"意思是说君子之间没什么需要争胜负和高低的，如果有的话，也就只有射箭比赛了。射箭比赛时，参赛选手要先相互作揖谦让再上场，射完后，又下来饮酒。这才算是君子之争。这与他主张的"射不主皮，为力不同科，古之道也"是一样的意思，即射箭比赛时不在于射中目标、穿透靶子，因为各人的力气大小不同，最重要的是要有"仁"，倘若大家都是君子仁人、志同道合，这就达到了"仁"的境界，又何必要争个胜负和高下呢？因此孔子将射箭作为"仁"的教化手段，通过习射来培养出仁人志士。孔子在教育过程中对射箭的偏爱还体现在他运用箭的原理来告诫弟子要努力学习。"子路见孔子，子曰：'汝何好乐？'对曰：'好长剑。'孔子曰：'吾非此之问也。徒谓以子之所能，而加之以学问，岂可及乎？'……子路曰：'南山有竹，不柔自直，斩而用之，达于犀革。以此言之，何学之有？'子曰：'括而羽之，镞而砺之，其入之不亦深乎？'子路拜曰：'敬受教。'"

虽然表面看来，子路和孔子的初次见面是在探讨做箭杆的问题，但其实是在探讨是不是人有了天赋就不需要努力了。孔子告诉他好的箭杆如果装上羽毛和打磨得锋利的箭头可以射得更深。人的天赋固然很重要，但如果有好的天赋再加上勤奋不就更厉害了吗？

另一位儒家的代表人物是孟子。孟子也非常注重品德修养，注重养成良好的内省品性，他用射箭来解释何为"仁者"："仁者如射。射者正己而后发，发而不中，不怨胜己者，反求诸己而已矣。"他认为一个有仁德的人就像射手一样，射箭的人要先端正自己的姿势再射出去，没有射中也不怨比自己射得好的人，而是要在自己身上找原因。因此，以孔孟为代表的儒家将射箭上升到哲学高度，将其融合进儒家礼乐教化体系，使射箭的文化内涵充分彰显出来。

2. 道家的射箭思想

道家是诸子百家之一，认为大道无为，主张道法自然，自然即是美。道教以"老庄学说"为核心。《道德经》是老子的作品，是道家思想的重要来源。老子在《道德经》中用射箭原理生动地表达他那些显得有些微妙的、不太好理解的哲学思想，让人更加容易理解："天之道，其犹张弓欤？高者抑之，下者举之；有余者损之，不足者补之。"这句话的大意是：自然规律不是跟弯弓射箭很像吗？弦拉高了就压低一点，拉得太低就举起来一点，拉得太满就稍微松一松，拉得不够就再拉一拉。自然规律就是有多余的减之，不足的补之，这样才是一种最佳的平衡状态。但这种规律运用到人类社会却不是那么容易，因为有多少人愿意用自己多余的财富去救助其他贫苦弱小的人呢？老子认为只有那些得道的人。老子在2000多年前就能够提出"有余者损之，不足者补之"的社会财富分配原则，让社会避免出现贫富两极分化的情况。

庄子是著名的思想家、哲学家和文学家，他是继老子之后，道家的主要代表人物之一。他曾与惠子有一段对话："庄子曰：'射者非前期而中谓之善射，天下皆羿也，可乎？'惠子曰：'可。'"惠子也是战国时期著名的政治家和哲学家，是诸子百家之一的创始人和代表人物，也是庄子的好友。这段话发生在五大学派大辩论的背景之下，大家争论不休，都认为自己是对的。庄子问惠子如果射箭，无论箭落在何处，那个地方就算是他本来就要射中的目标，这样的人还被认为是善射的，那么是不是天下的人都可以称为羿？惠子说："可以。"庄子正是借用射箭的故事批评惠子的诡辩。他认为凡事没有统一的标准，流派的争辩是没有意义的，但是不管怎样，人一定要能自我反省、自我检讨，并勇于承认自己的不足。

列御寇是大家熟知的例子，列子也是道家代表人物之一，他的射术非常高超。一天列子在伯昏无人面前展示自己的射术。他不仅能在左臂放了一杯水的情况下拉弓射箭，而且能连环射箭，第一支箭尚未到达箭靶，第二支箭就又发射出去了，第二支箭尚未到达箭靶，第三支箭又射出去了。一箭接着一箭，都是前面的一箭刚射出去，后一支箭搭上弦，而列子自己就像一尊雕像，始终屹立不动。等他将箭囊里的箭射完，只见每支箭都射中靶，而他手臂上的水杯中一滴水都没有溅出来。这样高超的射术真是让人佩服至极，可是伯昏无人却很不以为然，认为这只是射靶子的射法。他提出要列子和他一起登到高山上，站到悬崖边上的石头上去射箭。伯昏无人一直向悬崖边走，直到脚掌有二分已经悬在悬崖外面了。这时候他邀请列子走上来射箭。但列子已经吓得趴在地上，"汗流至踵"。在这个故事中，列子之所以不敢射，是因为他害怕失去生命，所以根本无法完成。也告诉大家在做任何事情的时候，拥有一个良好的心境或者说优秀的心理素质和坚强的意志品质其实是非常重要的，在顺境的时候可以将事情做得非常完美，在逆境的时候同样可以不受干扰，做真正的勇者，否则将一事无成。因此，从庄子的故事和言论中，可以非常清晰地看到他的射箭理论和人生哲学，即当他面对纷繁复杂的世界的时候，他总是能够放下一切顾虑，用一种从容、淡泊、平和的心境努力获得成功。

　　与庄子具有同样心境的还有另一位道家学说的代表人物尹喜。尹喜又被称为关尹子，庄子都称赞道："关尹、老聃乎，古之博大真人哉！"根据前面的故事我们知道列子是一位射箭高手，在他习射的时候，关尹子就是他的老师。《列子》记载了一个列子学射的故事：当列子终于能射中目标了，就去向关尹子请教。关尹子问他是否知道自己为什么能射中，列子表示不知道。关尹子告诉他那还不行。于是列子继续练习射箭，直到三年以后知道自己为什么能够射中了，关尹子才告诉他可以了，并让他牢牢记住，不能忘记。同时告诫他，不仅射箭如此，治理国家和自己修养身心同样如此。所以关尹子的射箭思想与当今我们在学校体育教育中强调的要学生不仅知道学什么、怎么学，更重要的是要让学生知道为什么学的教育理念有着异曲同工之妙。

　　《列子》中还记载了很多寓言故事，例如在《汤问篇》中就讲了两个关于射箭的故事。一则是说楚王听说詹何能够用蚕丝做的钓鱼线、芒针做的钓鱼钩、小竹子做的鱼竿、剖开来的米粒做的鱼饵，在极深的深渊和湍急的水流中钓到满满一车子的大鱼，而且鱼线不断、鱼钩不直、鱼竿不弯，就感到非常好奇，詹何就告诉他自己之所以能够做到这样，是受到蒲且子射鸟方法的影响。

詹何告诉楚王自己正是借鉴了蒲且子用心专一、动手均衡的方法，并模仿学习了五年才完全掌握了这种技术。詹何还将这个方法延伸到楚王如何治理国家上面，如果能够遵循均匀的法则，做到心无杂念、以弱制强、以轻制重，便能够将天下运筹于帷幄之中。另一则寓言则是列子用"纪昌学射"的故事将射箭的教法、学法作了详尽的叙述，可以认为这是中国古代射箭理论的专业化。

3. 墨家的射箭思想

墨家是诸子百家的主要哲学流派之一，墨子是墨家学派的创始人，《墨子》一书为其代表作，其中有一篇文章名为《备城门》，是墨子研究城池攻防战术的主要篇章之一。春秋战国时期，各个诸侯割据，相互之间的战争非常频繁，统治者主要的任务就是研究战争中如何击败其他诸侯国，因此各种战术、谋略研究成为当时社会的热点。冷兵器时代的护城手段中，建城墙、城池，如何最有效地利用城池的屏障抵御敌人的进攻成为各个诸侯国成败最关键的问题。《备城门》便是墨子的研究成果之一。文章讲的是有一次，禽滑厘问墨子小国防御敌国进攻有哪些方法，墨子为他进行了详细的分析。其中就涉及很多通过弓弩来防御敌人各种攻城手段的方法。首先，打隧道攻城。"适人为穴而来，我亟使穴师选本，迎而穴之，为之且内弩以应之。"意思是如果敌人钻隧道打过来，就要立刻确定洞穴的位置，并且准备好短弩来应对。其次，墨子强调在大城一定要配备勇猛善射的人守城："楼若令耳，皆令有力者主敌，善射者主发，佐皆广矢。治裾。诸延堞高六尺，部广四尺，皆为兵弩简格。"可见当时弓弩作为远射兵器在守城战争中的重要价值。再次，文中还提到了一种兵器叫作"转射机"："转射机，机长六尺，狸一尺。两材合而为之辊，辊长二尺，中凿夫之为道臂，臂长至桓。二十步一，令善射之者，佐一人，皆勿离。""转射机"是一种能旋转发射的弩，该弩的弩身长为六尺，其中有一尺的长度埋在土中。每隔二十步放一个转射机，安排一个善射的人操作，另外派一个人辅助，都不可以离开。最后，文中简单介绍了当时的弩："二步一木弩，必射五十步以上。及多为矢，节毋以竹箭，楛、赵、柘、榆，可。盖求齐铁夫，播以射冲及樵枞。"这段话传递了几条信息：第一，先秦时期，弩的威力并不突出，这从"二步一木弩，必射五十步以上"可以看出，50步的射程为70多米，显然射程很一般，都比不过弓箭。但可能由于弩对射手的训练要求不高，上手快，所以在当时的守城战争中大量配备有弩。第二，先秦箭的材质。竹箭应该是首选的，如果没有竹箭，也可以选用楛木、桃木、柘木、榆木也可以做箭杆。而箭头明确要求是齐铁。《管子》中记载，管仲告诉齐桓公"出铁之山三千六百九山"，可见齐国的铁矿资源非常丰富。齐国是最早发明冶铁术的，大约在春秋晚期就已经有了专门的冶铁业，也是大量生产和使用铁器的国家。《管子·轻重乙》中记载："请以令断山木，鼓山铁。"从"盖求齐铁夫"可以看出齐国产的铁箭相对来说生产技术和质量应该是最好的。

胡非是墨子在齐国时收的徒弟之一，《胡非子》一书据说为胡非或其弟子所作，该书已经亡佚，但是从各个朝代的其他史料中还能找到其中部分文章，其中有一篇《弓与矢》在宋代《太平御览》中收录："一人曰：'吾弓良，无所用矢。'一人曰：'吾矢善，无所用弓。'羿闻之曰：'非弓，何以往矢？非矢，何以中的？'令合弓矢，而教之射。"这段话通俗易懂，一个人说："我的弓非常精良，不需要什么箭。"另一个人说："我的箭非常优良，不需要什么弓。"后羿听到后对他们说："没有弓，你怎么把箭发射出去？没有箭，你怎么能射中箭靶？"胡非子正是通过这个故事说明在一个整体事物中，相关几个方面都必须协调配合，任何一方自以为是、独自邀功都将一事无成，这其实也是我们现在非常强调的团队协作精神的一种体现。

4. 法家的射箭思想

法家是诸子百家中以提倡法制为核心思想的流派，他们在春秋战国时期就提出了依法治国的理论，其治国理念可谓是相当先进。

李悝是战国初期的著名政治家、法家代表人物。《韩非子》中记载李悝在担任魏文侯上地郡郡守的时候，因为上地郡与秦国接壤，是魏国的边防要塞，经常与秦国人发生冲突，所以对于这个地区来说，军事训练是重中之重，超过了其他各个方面的发展。因此为了提高边塞军民的射箭技术水平，李悝下令："人之有狐疑之讼者，令之射的，中之者胜，不中者负。"遇到老百姓打官司，先组织诉讼双方比赛射箭，射术水平高的就赢得官司。这个命令下达以后，人们都练习射技，日夜不停。到了法庭上，射箭比赛输了，就愿赌服输，继续回去刻苦练习射箭，争取下次再赢回来。后来与秦国人作战，由于魏军射技精良，因而大败秦军。射箭技能的高低怎么能用来衡量是非曲直呢？这看起来有些不可理喻，但从史料记载来看，首先，这些用射箭技能高低来解决的案件不会是一些人命关天的大案或者是非曲直一目了然的案件，而是"人之有狐疑之讼者"，也就是一些说不太清楚、难断是非的案件，可能拖了很久也无法完全非常公平公正解决的诉讼案；其次，在军事训练超越一切的上地郡，作为郡守，李悝必须想尽办法来鼓励军民进行射箭技术的训练；最后，战争给一个国家带来的经济负担是非常大的。《孙子兵法》中有一个详细的数据足以说明这一点："孙子曰：凡兴师十万，出征千里，百姓之费，公家之奉，日费千金；内外骚动，怠于道路，不得操事者，七十万家。"凡是动兵10万，每天要花费千金，而且因此国家会动荡不安，大约有70万个家庭的耕作会受到影响。李悝采用的方法既解决了军事训练的问题，也可以不增加国家的军事开销，最终还达到了非常理想的效果，不得不说是一种创新。

韩非子是法家另一位代表人物，也是法家思想集大成者，《韩非子》中大部分文章为其所作，其中《说林》篇写道："惠子曰：'羿执鞅持扞，操弓关机，越人争为持的。弱子扞弓，慈母入室闭户。'故曰：'可必，则越人不疑羿；不可必，则慈母逃弱子。'"意思是说羿射箭时，因为确定他肯定能射中靶心，所以连越国人都敢争着为他举箭靶。而小孩子射箭时，连他的母亲都要躲起来。因此韩非子总结道："肯定没有什么危险的时候，大家都不怀疑羿会射伤自己；当无法确定有没有危险的时候，就连做母亲的也害怕射箭的孩子会误伤自己而躲起来。"可见做什么事情都要本领过硬。故事中提到的"羿执鞅持扞，操弓关机"中的"扞"和"关机"都是弩上的部件，"扞"就是弩臂，"关机"就是弩机。因为羿是中国古代神话故事中的人物，如果我们据此推测弩发明于原始社会末期似乎不是非常有把握，但是可以肯定的是，在韩非子所在的战国时期，肯定已经有了弩机。

5. 兵家的射箭思想

兵家是诸子百家之一，主要研究军事理论，进行军事活动，兵家的思想可以看作中国古代军事理论的核心和精华。春秋战国时期著名的孙武、孙膑、白起等都是兵家的代表人物，兵家的代表性著作有《孙子兵法》《孙膑兵法》。《孙子兵法》作者为孙武，是我国现存最早的兵书，也是全世界最早的军事著作，被奉为兵家经典。《孙子兵法》被翻译成多种语言，对世界很多国家军事发展产生深远影响，被美国西点军校和哈佛商学院选为教材。

《孙膑兵法》为孙武的后代孙膑所作，书中涉及很多军事理论与方法，提出了不少关于弓弩的理论。由于该书在唐朝以前已经亡佚，所幸的是1972年在山东临沂银雀山西汉墓发现了《孙膑兵法》的竹简，但竹简损毁比较严重，很多字迹已经无法辨认，今天流传的版本是根据这批竹简编撰而成，有一些地方用了省略号即为未能辨认的字迹。书中孙膑谈到不少关于弓弩的兵法。在一段孙膑与田忌两人进行的军事问答中,孙膑谈到了突现困境时的战术,这也是他自己用来战胜庞涓以及活捉魏太子的战法:"弩次之者,所以当投机也。中央无人,故盈……卒已定乃具其法。制曰:以弩次蒺藜,然后以其法射之。垒上弩戟分。"

孙膑在这里强调了弓弩在守城战争中的重要性。他还提到了"弓弩兵"这个兵种,引用兵法上对弓弩兵的布置,把弓弩兵部署在蒺藜后面,然后按要求射击敌军。而在壁垒当中,弓弩兵和用戟的兵各占一半。这其实正是一种远射兵器和短兵器协调配合的战术。历史上有很多战役正是使用了该战术而获得成功的。如三国时期的"博望坡大捷"即诸葛亮采用此战术排兵布阵,利用博望坡的天然地理优势,指挥刘备的部队打的一场胜仗。孙膑还用弩矢之法形容战争,他在《孙膑兵法·兵情》中说:"若欲知兵之情,弩矢之法也。矢,卒也;弩,将也;发者,主也。"

用弩弓发射的原理解释军队用兵之道,十分巧妙地将弓弩、箭以及人三者之间的关系表达得非常清晰:将士卒比作箭,将将帅比作弓弩,将君主比作射箭的人,指出这三者必须同心协力、协调一致。他首先分析了士卒的组织:"矢,金在前,羽在后,故犀而善走。"

孙膑认为箭能够迅速射出去很远,主要就是由其巧妙的结构决定的:前面是金属箭头、后面是羽毛箭翎,所以在前进中它是前重后轻的,用兵布阵也是一样的道理,要把最精锐的兵力放在阵型的前面,如果采用后重而前轻的布阵方式,战斗力就会大大降低。接着,孙膑又详细分析了将帅的要领。在冷兵器时代的中国古代战争中,往往不同水平的将帅在相同兵力、武力的情况下可以导致不同的作战结果。一个好的将帅可以充分利用一切优势条件如天时、地利、人和等,取得战争的胜利。孙膑将将帅比作弓弩:"弩者,将也。弩张柄不正,偏强偏弱而不和,其两洋之送矢也不壹,矢虽轻重得,前后适,犹不中[招也]……将之用心不和……得,犹不胜敌也。"这段话非常形象地说明了军队中将帅用兵策略的重要性。就像开弓射箭时,如果弓把没有摆正,用力过强或过弱都会导致射箭力量不均衡,这样,即使箭是好的也射不中目标。用兵打仗时也是一样的道理,尽管士卒布阵得当,但将帅不和,仍然不能取胜。最后,孙膑又阐述了第三层关系:"矢轻重得,前[后]适,而弩张正,其送矢壹,发者非也,犹不中招也。卒轻重得,前……兵……犹不胜敌也。"所以,即使箭好、弓好,但是射箭的人不行,仍然是射不中目标的。君主就如同这个射箭的人,君主如果不能合理利用军队,仍然打不了胜仗。这在后世有很多这样的军事案例。例如宋朝岳飞抗金,虽然岳飞带领一支精干的岳家军,将士们誓死收复失地，但是由于遇到一个昏庸的皇帝，硬逼岳飞退兵，不仅未能收复国土，反而将岳飞害死。这样的君主怎能打得胜仗？所以最后，孙膑总结道："故曰，弩之中彀合于四，兵有功……将也，卒也，□也，故曰，兵胜敌也，不异于弩之中招也。此兵之道也。（以下为散简）……所循以成道，知其道者，兵有功，主有名。"由此可见，用兵和射箭有着共同的规律，并且这个规律对当今社会各个方面都有一定指导意义。

第二章 中国传统体育文化生态

本研究在生态适应的框架之下,选取符合选择标准(个别性、典型性、适切性)的个案,来呈现中国传统体育文化生态适应的不同层面。下述的演变适应、交互适应、策略适应和趋同适应都不同程度地存在于中国传统体育文化各亚类的发展演变的不同阶段,个案的选取皆出于对问题的廓清及对题旨的阐明。另外,下文关于中国传统体育文化生态适应的相关分析以个案分析为基础,以生态适应的基本类型为基本框架,从自然生态、社会生态和文化生态三个维度展开探讨和分析。由于本研究的理论基础偏重于社会生态和文化生态两个维度,所以下文中部分关于自然生态适应的分析从略。

第一节 中国传统体育文化生态适应的个案研究

一、龙舟(竞渡)文化的演变适应

选取缘由:龙舟(竞渡)文化具有悠久的历史及中国传统文化内涵,在国内外均具有一定的影响力,且传承有序,在不同的地域呈现不同的特征,同时也因地域性具有了多种文化的承载。相同的一点是各地、各民族的龙舟(竞渡)文化都是在不断演变中发展并传承至今的中国传统体育文化类型,符合个案选取的一般标准,为了更好地说明问题,本个案还从地域性角度进行了分析,以便对比分析和多维呈现。

个案述略

引言

龙舟(竞渡)文化是中国传统体育文化中较为特殊的文化类型,特殊性表现为它是以龙舟（竞渡）这一单个项目形成和演变而来的文化，且不像武术文化在器物层上有多个项目。龙舟（竞渡）文化缘何能够延续至今呢？它与其所处的自然生态、社会生态和文化生态之间的关系，以及在制度层面和精神层面的优势或许是答案的所在。

起源

  龙舟（竞渡）文化是集船文化、龙文化和节日文化为一体的文化类型，其发端首先要从船、龙和端午节三个方面去探寻。某一事物的起源问题总会有不同的说法和根据，龙舟也是如此。舟的起源可以追溯到远古时代，考古发现，浙江萧山跨湖桥新石器遗址出土的独木舟距今约8000年，是目前世界上发现得最早的独木舟和造船作坊遗址；《河姆渡遗址第一期发掘报告》中亦称7000年前的远古先民已经刳木成舟，并加上木桨划行了，这是舟最早的雏形。舟的起源说法不一，龙的存在也有两种说法，一种说法认为龙是远古自然界曾存在的物种；另一种说法认为龙源于原始社会的图腾崇拜，是多个动物图腾的综合体，具有一定的"神性"。而关于"龙"和"舟"结合的"龙舟"，其起源问题有"沅陵之说"，据专家论述，湖南沅陵龙舟起源于5000年前，并且在当时已经形成了龙舟文化，沅陵也因此被称为"中国传统龙舟的故乡"。世界文化遗产专家组专家邓微说："沅陵传统龙舟十分有代表性，它拥有历史最悠久、参赛规模最大、运动员最多、观众最多共4项世界之最，将填补世界遗产项目空白。"另外，在河南辉县战国墓葬中出土的"燕乐射猎图案刻纹铜鉴"上有龙舟图案，被认为是赛龙舟的原型。与上述说法相比较，龙舟源于纪念屈原的说法则有些孱弱无力了，但此说法为丰富龙舟（竞渡）文化发挥了巨大作用。虽然"龙""舟""龙舟"的起源众说纷纭，但对于龙舟的起源地是较为公认的，那就是古代南方水网地区。而"竞渡"一词，最早见于西晋周处所撰的《风土记》中所载的"仲夏端午……踏百草，竞渡"；竞渡在正史中的记载最早见于《隋书·地理志（下）》中的"习以相传，为竞渡之戏"。其中的竞渡多为"赛龙舟、赛龙船、划龙船"之意，也就是如今所谓的"龙舟竞渡"。远古时期，以竞渡为主的划船活动多见于民间，目的在于"祛病、消灾、祭祀"，秦汉魏晋以后开始与端午节习俗相联系，随着中原文化和吴越文化的交流融合，赛龙舟传至长江上游和北方地区，成为端午节的一项主要活动。龙舟（竞渡）在唐代发展成为一项特色鲜明的竞赛活动——斗舸，开始有了"夺标"意义，并且有了严密的程序和完整的规则。之后，随着龙舟的不断演变、竞渡规则的不断完善、龙舟（竞渡）内涵的附加，龙舟（竞渡）文化逐渐形成并不断发展。

发展历程

史料记载，龙舟（竞渡）在中国历史的各个时期都存在，唐、宋、元、明、清各代帝皇均有观看龙舟的经历：《旧唐书》中记穆宗、敬宗，均有"观竞渡"之事；《东京梦华录》卷七中有北宋皇帝于临水殿看金明池内龙舟竞渡的记载；明代帝皇也曾观龙舟、看御射监勇士跑马射箭；清代则在圆明园的福海举行竞渡，乾隆帝、嘉庆帝等均前往观看。唐代端午竞渡热闹、隆重，在《竞渡歌》中有细致描述，宋元时期竞渡之风尤盛，官方和民间皆大力提倡，有研究表明："宋代的龙舟竞赛分为以夺标为主的龙舟竞渡和龙舟花样表演。""龙舟竞渡是一种有组织的大型活动，包括场地、船只、裁判人员指挥位置、水中标竿、奖品摆放、赛船的起点和终点、皇帝和大臣们的观摩等各环节安排得井然有序，从表演到夺标比赛，均由裁判人员指挥，丝毫不乱。"明清时期的赛龙舟以南方水乡为盛。民国时期，西方体育的传入使龙舟（竞渡）向体育讨渡，比赛采用"淘汰制"，规则也开始规范和统一；在改革开放以后其进入空前发展时期，龙舟（竞渡）被列为全运会正式比赛项目，成立了全国龙舟协会，举办了各种级别的比赛，龙舟（竞渡）逐渐在海外传播并产生了较大的国际影响。

小结

龙舟（竞渡）文化作为一种历史久远、传统厚重、内涵丰富的古老文化，表现形式多样、规模宏大、气势恢宏、人数众多，表现出了鲜明的民族特色和较强的生命力，所蕴含的思想与中国传统文化是一脉相承的。龙舟（竞渡）文化在发展过程中并非一成不变的，在制作工艺、材质选择、竞赛方式等方面不断演变，从生态适应的角度来看，龙舟（竞渡）文化为了更好地发展而发生的各种演变正是其适应自然生态、社会生态和文化生态的结果，这也正是这项古老传统体育文化能够延续至今的原因所在。

二、自然生态的天择

自古以来，人与自然环境的关系就密不可分，人和自然关系和谐的最高境界为"天人合一"。从一定意义上说,人所拥有和创造的一切都是大自然所赋予的,人本身也是大自然的一部分,在人与自然关系的不断演变过程中,人的行为会影响自然;同样,自然也会对人产生影响和反作用,包括人类的文化。中国传统体育文化是人类文化的一部分,在发展过程中与自然生态形成了各种各样的关系,可以说,中国传统体育文化是在不断适应自然生态的过程中发展的,龙舟(竞渡)文化也是如此,其在演变中适应,在适应中演变。

1. 区域性的演变

从生态适应的角度来看,龙舟(竞渡)是人们为了更好地适应"水乡"这一特殊地理环境而创造出来的,是一种自然环境适应的产物,其存在和发展与自然气候和地理环境等因素息息相关。这一点从龙舟(竞渡)在全国的地理分布中可见一斑。"晋、吴越、荆楚"是古代赛龙舟起源的三个地区,主要分布在"陕西、浙江、江苏、湖南、湖北、广东、广西、福建、河南、安徽、四川、江西、云南、贵州等省区",其中,湖北、湖南、江西、广东四省最具代表性,赛龙舟之风盛行的城市集中在水域充沛的西安、开封、杭州、上海、广州、苏州、无锡、荆州。赛龙舟还可以从地理分布的水系分布上看出其对自然生态的适应,这些水系包括南部的珠江水系、闽江水系,北部的长江、黄河流域,长江分支的赣江、沅江、乌江、嘉陵江、沱江、岷江、金沙江、雅砻江、澜沧江和怒江也包括在内,另外还有东南沿海地区,以及河流、湖泊等水域集中的地区。通过上述地理分布可以清楚地看出,龙舟(竞渡)文化的孕育、产生和发展都与"水"密不可分,是一种以水为母体的传统体育文化,其发展演变的每一个环节都体现着对所处自然生态的适应。

2. 地域性的附加

龙舟(竞渡)文化具有"水"的特征,另外,不同地域的龙舟(竞渡)文化也在"水"的基础上呈现出差异性的特征。这种差异性首先表现为南北差异,具体而言,龙舟(竞渡)文化多在南方水域较多的地区开展,多年以来基本沿袭了龙舟(竞渡)的传统方式,即在水中开展,然而在一些北方水域少的地区,龙舟(竞渡)演化为陆地上开展的"赛纸龙船"和"划旱船、跑旱船、采莲船、彩龙船",这是因自然环境而发生的演变。其次为龙舟(竞渡)文化的地域差异。按照龙舟(竞渡)的传统,多数地区都是在白天举行,然而,在浙江、福建、四川等地却演变出了"夜赛龙舟","自古龙舟日竞渡,独有三溪夜赛航"就是福建三溪在晚上开展赛龙舟活动的写照。最后,龙舟(竞渡)

因自然环境发生重大改变。福建惠安崇武在早年的端午节上也有赛龙舟的习俗，此地的赛龙舟起初是在海上，但因为有一年在海上失事而改为在陆上游龙舟；也有地方的龙舟（竞渡）演变成表演性的娱乐活动，如北宋时龙舟花样表演就有"旋罗、海眼、交头"三种，演变为龙舟与游泳相结合的"抢标"。由此可见，龙舟（竞渡）文化因自然环境而发生的各种演变也为数不少。

三、社会生态的选择

（一）政治经济领域关键人物

一种文化的兴衰往往与政治、经济等因素有密切的关联，经济环境决定了一种文化萌芽、发展的物质基础，政治环境往往能够赋予其发展的空间，龙舟（竞渡）文化也概莫能外。龙舟（竞渡）文化体现了龙的精神，而"龙的精神是一种'兼容、奋进、福生、谐天'的精神，因而形成了龙文化的四种功能：凝聚、激励、教育和警示，千百年来感染着每一位华夏儿女"。正是基于此，龙舟（竞渡）文化因政治需要而被选中，中国历史上的唐代、宋代、明代、清代，龙舟（竞渡）都开展得轰轰烈烈，如前所述，有些皇帝也亲临现场观看龙舟（竞渡）比赛。"北宋末年，国势大衰，宫廷一方面想利用龙舟竞渡宣扬忠君爱国思想、振奋国人的精神，另一方面也是想祈求龙神保佑，国泰民安"；再如清代，建都北京之后大力提倡本民族体育文化，由于清朝文化的抵触，中国古代的相扑、蹴鞠、击鞠、捶丸都遭到禁止或不被提倡，唯有龙舟（竞渡）得到了一定发展，这不能不说是一种政治需要使然。另外，历史上的关键人物也对龙舟（竞渡）文化的演变产生了较大影响，如唐、宋、明、清的有些皇帝，他们的喜好对龙舟（竞渡）的发展起到了巨大的推动作用，其中典型的当属乾隆皇帝这位最积极的提倡者，他认为"淮竞所以劳，其劳无止期"。乾隆在位六十年间，几乎每年都要进行龙舟竞渡……他在诗中明确表示，举行龙舟（竞渡）活动是为了"慰中""吊忠悃"，纪念楚国忠臣屈原，也是为了祈求"盈尺雨""霖遍八方"。不难看出，这也是政治需要的一种反映。然而，乾隆二十五年，他一改过去提倡龙舟（竞渡）的态度，大唱"龙舟竞渡斗应捐""按队龙原不竞，虽嬉意欲化民淳""虽云竞渡原非竞，欲以醇风示众看"，时至乾隆五十年，他觉得"雁阵龙舟颇厌观"，自此，龙舟（竞渡）成为一种无竞赛意义的形式，到嘉庆时期便完全消失了。另外，龙舟（竞渡）从南国传播到北方也受到政治因素（政治中心北移）的影响，"龙舟竞渡从江南水域逐步北移，唐代在长安城渭水地区开展，宋代进入汴梁城汴水流域，元、明时代则随着建都北京而到了燕山脚下"。

（二）社会教化与整合

在梳理龙舟（竞渡）文化的发展史过程中不难发现，不论哪个地区的龙舟（竞渡）都蕴含着龙文化和龙精神，这些积极向上的文化内涵都不同程度地体现在龙舟（竞渡）的各个环节中，在很大程度上起到了社会教化的作用。如唐诗《竞舟》中"祭船如祭祖，习竞如习雠。连延数十日，作业不复忧"的诗句就是关于礼仪教化的说明和反映。具体而言，龙舟（竞渡）文化社会教化功能体现在以下几个方面：第一，增强团结协作意识。传统龙舟（竞渡）是多个人同时集中在同一个龙舟上，通过全体成员有节奏的通力合作来赢得胜利，在这个过程中，"同舟共济、人舟合一"是最高境界，因此可以培养团结拼搏的精神，增强群体凝聚力和向心力，这也是历代皇帝提倡龙舟（竞渡）的重要原因之一。第二，加深族群认同。龙舟（竞渡）往往是以族群归属来组队的，龙舟队员都同属一个家族、一个村庄或者其他性质的集体，通过团结合作进行"竞渡"，族群成员以及同族观众之间容易形成族群归属感，从而增强族群认同，在特殊的历史时期，龙舟（竞渡）的这方面作用往往体现得更为明显，龙舟（竞渡）在北宋末年国力衰弱的情况下还被提倡开展即是例证。第三，促进社会和谐。龙舟（竞渡）文化凝合了多种传统文化的精神，通过集体开展的形式将精神元素呈现并传播到参与的人群之中，使"忠君爱国、团结协作、勇于拼搏、奋发图强、乐观向上"等精神品格由点及面地进行扩散和辐射，从心理和行为层面发挥整合作用，从而促进社会的和谐与稳定。

整合的另一个层面是龙舟（竞渡）文化陋习陈规的祛除。长期以来，龙舟（竞渡）文化与宗教禁忌、封建迷信有着千丝万缕的关联，其中最为典型的是性别禁忌，如"女性不能参与龙舟祭拜仪式、妇女不能触摸龙舟、沿海地区女性不许看龙舟、造龙舟时雕工师傅视线内不能出现女性及衣物等"，另外，"扯船、毁船、包龙头等"都属于龙舟陋俗，而且容易引发械斗，由此引发的械斗古今皆有，这个不利因素很大程度上限制了龙舟（竞渡）文化的发展，随着社会的不断发展，一些陈规陋习得到不同程度的祛除，龙舟（竞渡）文化在自我调适、整合的基础上逐步适应了建设文明社会的要求。

四、文化生态的撷择

（一）文化吸纳

龙舟（竞渡）在很多地区都有开展，并且不断地与该地的民族文化、地域文化、宗教文化等发生关系，经过长时间的碰撞和交流，龙舟（竞渡）文化逐步吸纳了这些文化因素，丰富了其自身的文化内涵，形成了"多源一体"的特色，取得了更好的发展。从生态适应的角度来看，龙舟（竞渡）文化对不同文化的吸纳正是其文化生态适应性的良好体现。例如，龙舟（竞渡）发展得较好的江西省，龙舟文化融合了"喊号、棹歌、演剧"等赣文化的元素，形成了独特的风格。少数民族地区的龙舟（竞渡）文化所表现出的有些特征可以更好地体现龙舟（竞渡）文化对当地文化生态的适应性，如贵州苗族的独木龙舟，不仅在形质上独具特色，还在龙舟龙头的装饰上独具苗族文化特色：因为苗族的"龙"是"水牛龙"，所以在独木龙舟的龙头两边安装了一对弯弯的大水牛角；而且，龙头上所悬挂的"男根形（象征祈子重男）、鱼形（象征祈子求嗣和鱼水之欢）"的饰物也反映出龙舟（竞渡）文化与苗族"生殖崇拜"宗教文化的结合。云南傣族龙舟的龙头上有两对长而弯曲的象牙，舟尾配以孔雀尾形的饰物，这是龙舟（竞渡）文化与傣族图腾文化结合的产物，也是龙舟（竞渡）文化适应傣族文化生态的表现。

（二）文化融合

文化融合，指"不同人类文化间的交流、相互接纳以及趋于统一的过程"，具体融合过程包括接触、撞击和筛选、整合。从根本上说，"文化融合是文化的稳定性原则和可变性（适应性）原则激烈冲突中异质文化互相改变的结果"，融合方式中的"地域关系方式"在龙舟（竞渡）文化的文化生态适应中也存在。如巴蜀龙舟文化，其形成原因就是"蜀楚接壤"。明清时期，四川"江州以东，其人半楚"所反映的就是嘉陵江地区楚蜀相邻、人员往来融合的情况。巴蜀龙舟文化的各个方面都与楚文化有很大程度的相似，如"竞舟是为纪念屈原"这一点在四川各地的县志中都有记载。《巴县志》："闹龙舟，吊屈平（原），楚俗也。蜀楚接壤，亦如之。"《金堂县志》所载："近水居民则为龙舟竞渡，相传屈原以是日沉江，故为角黍，龙舟以吊之。"县志的相关记载说明了巴蜀龙舟文化和荆楚龙舟文化的相似性，同时也说明了其中的原因。另外，对于龙舟（竞渡）文化在不同地区所呈现出的不同文化特征也是一个有力的例证。

第二节 中国传统体育文化在生态适应语境下的发展基点定位

发展是个永恒的话题，而事关发展方向路径的前提是基点的定位，所谓"基点"有"中心、重点"和"事物发展的根本"之意，由此可见，中国传统体育文化在生态适应语境下发展基点的定位是探讨发展相关问题的关键。合理、准确、科学的发展基点定位，一方面是对中国传统体育文化境况的再审视和再反思，另一方面是对发展路径的寻找和探索。在生态适应的语境之下，中国传统体育文化的发展应紧紧依托所处的自然生态、文化生态、社会生态，从自身和外围两方面寻求适应的结合点，把握时代特征，与时俱进，既继承传统又富有现代内涵，在整合的基础上不断创新，在涵化与濡化中寻求平衡，在不断传播的同时实现增殖。

一、传统与现代化的互鉴

传统是一个具有多层含义的词语，一是"世代相传"之意；二是指"世代相传且具有特点的思想，道德、作风、艺术、风俗、制度等社会因素"；三是指"世代相传的、旧有的"。可见传统的主要意涵有两个方面：其一，传承性。上述解释都提到了世代相传。其二，非现在的。即历史流存，并非新生的。因此，中国传统体育文化中的"传统"就有了内涵层面的归属，可以说，"传统就是历史和现实之间的一种联系，也是不同的现实之间的一种联系，体现出文化在发展和进化中过去、现在和未来之间的辩证联系"。同时，传统所包括的内容也较为丰富，是多种社会因素的集合，却又如黑格尔在哲学史讲演录（第1卷）中所言："传统并不仅仅是一个管家婆，只是把它所接受过来的忠实地保存着，然后毫不改变地保持着并传给后代。"由此可见，传统是一个不断演变和发展的概念。

"现代化"一词常用作对现代发生的社会和文化变迁现象的描述，在历史学领域，现代化是指"近代以来世界各国一种向以西欧及北美地区等地国家许多近现代以来形成的价值为目标，寻求新的出路的过程"。马格纳雷拉将现代化定义为"发展中的社会为了获得发达的工业社会所具有的一些特点，而经历的文化与社会变迁的全球性过程"。关于现代化，国内学者罗荣渠在其著作中做了详尽的解释，他认为"现代化"这个概念是用来概括人类近期发展进程中社会急剧转变的总的动态的新名词，同时，对学界关于现代化的含义进行了概括和归类。此外，罗荣渠给出了现代化的广义和狭义概念："广义而言，现代化作为一个世界性的历史过程，是指人类社会从工业革命以来所经历的一场急剧变革，这一变革以工业化为推动力，导致传统的农业社会向现代工业社会的全球性的大转变过程，它使工业主义渗透到经济、政治、文化、思想各个领域，引起深刻的相应变化；狭义而言，现代化不是一个自然的社会演变过程，它是落后国家采取的高效率途径，通过有计划地经济技术改造和学习世界先进，带动广泛的社会改革，以迅速赶上先进工业国和适应现代化世界环境的发展过程。"如此看来，现代化是一个内涵丰富的概念，同时也是一个较为缓慢和复杂的过程。

中国传统体育文化最核心的价值就体现在"传统"上，因为传统所代表的不仅仅是过去，更重要的是中国传统文化这一内在品质，然而，在现代化进程不断演变的今天，传统保持成了一个富有挑战性的课题，同时，现代化发展也是摆在中国传统体育文化面前的一个似乎没有退路的选择。由此可见，中国传统体育文化的发展需要在传统保持和现代化两者之间寻求平衡点，毕竟"任一文化的现代化，都是自己传统的现代化；任一现代化的文化，都包含着自己的传统内在"。

二、整合与创新的协应

整合，在不同的学科中有不同的界定，整合作为社会哲学用语的意思是"指几个不同部分联合成整体的过程"，是原有的系统更新或尚未形成系统的各部分形成系统的必经过程；整合原本是生物学和心理学的概念，后来逐渐引入社会学、人类学和文化学。在《新语词大词典》中整合被界定为"整理、调整并重新构建、组合"。不难看出，整合的主旨内涵就是"个体—整体"的过程。文化整合的界定也比较多，如"所谓文化整合是指不同的文化要素、文化系统相互适应、吸取、协调而趋于和谐或统一为整体的过程"；司马云杰则认为,"文化整合是指不同的文化相互吸收、融化、调和而趋于一体化的过程";国外学者也对文化整合进行了界定,露丝·本尼迪克特(Ruth Benedict)的《文化模式》一书中将文化整合界定为"各种文化在接触与碰撞的过程中,经过选择、涵化和融合不断实现自身要素的调整,以达到新的适应过程",同时还指出,文化要素或在文化整合的竞争中被淘汰,或继续生存并以新的面貌呈现出来。如此看来,文化整合并非简单意义上的组合,而是具有一定竞争机制的组合过程,是一种较为典型的"文化进化论"观点,不过这与生态适应的理念是高度吻合的,即能够适应生态变化的文化会继续存续,适应不了的文化就退出历史舞台。当然,还有一种较为理想化的观点认为,"文化整合就是要实现文化本身与其他文化的有效对话、交流思想和经验,并对其他价值观念和文化传统进行鉴赏",本研究认为这只不过是一种"优胜劣汰"的委婉表达。

创新在文化生态适应维度的意义就是对新生态的趋同适应。从概念上讲,创新"通常是指以现有的思维模式提出有别于常规或常人思路的见解为导向,利用现有的知识和物质,在特定的环境中,本着理想化需要或为满足社会需求,改进或创造新的事物、方法、元素、路径、环境,并能获得一定有益效果的行为"。此概念将创新定位为一种行为,而社会学意义上的创新是一种社会性活动,"创新是指人们为了发展的需要,运用已知的信息,不断打破常规,发现或产生某种新颖、独特的有社会价值或个人价值的新事物、新思想的活动"。不论创新是一种行为还是一种活动,"新"是最核心的内容,但也不意味着对"旧"的否定,因为,"创新的过程必然是从传统出走,但也必然又对传统多次回归……""人和人类社会是借重于文化才得以进步和发展的,而文化只有借重于不断地创新才能获得生机和力量"。创新是文化长久生存的保障,而文化创新就是一种全新、有别于以往的文化,使文化更具生命力的创造过程。同时,"文化创新也是一个克服文化系统复原力(文化系统能够承受的变化而又能保持其基本要素的程度)和稳定力(文化系统消除骚乱后恢复平衡的难度和速度)的过程"。创新的本质是突破,文化生态意义上的文化创新,其本质是打破,即原有的平衡或稳定状态被打破,通过文化内部的调适和外部因素的整合,实现内容上的丰富和完善、内部结构和外显特征上的变革、形态上的转变或创造。

文化的发展是一个较为复杂的、经历多个阶段的渐进过程,整合和创新是其中的两个重要阶段,通过上文分析可以看出,文化创新以文化整合为基础,文化整合是调整自身要素的整体化过程,两者的配合呼应是文化发展和进化的关键环节。从生态适应的角度来看，文化整合是为了更好地适应，文化创新是适应的理想结果，因此，中国传统体育文化在生态适应语境下的发展也应是整合与创新相呼应的过程。

三、濡化与涵化的结合

"濡化"这一术语最早在1948年由美国人类学家M.J.赫斯科维茨在《人类及其创造》一书中首次应用，认为濡化是一个复杂过程，贯穿于人的一生，但在生命周期的不同阶段中是不相同的，同时认为濡化是"人区别于其他动物的学习经历，人在生命开始和延续中借此获得适应自己文化的能力"。Robert Redfield等学者撰写的"濡化"研究备忘录中濡化的定义是"指分属不同文化群的个体之间进行持续性的直接接触，因而导致对某一个或双向原有文化形态改变的现象"，同时指出，"对濡化现象的分析首先要对接触它的群体进行分类、对产生它的环境进行了解、对它的过程进行分析，其结果有'三个方面'"的体现。濡化是相互影响、相互吸收的双向过程，即"保持文化和身份"与"接触和参与"，"文化濡化"由美国人类学家赫斯科维茨（M.J.Herskovits）在其《人及其工作》（1948年）一书中首次使用，被界定为"人类个体适应其文化并学会完成适合其身份与角色的行为的过程"。文化濡化在社会学领域中"是指对采集过来的文化元素，要放在本土文化中进行磨合，乃至改造，使之与本土文化协调起来，融为一体的过程"。

涵化是文化变迁的表现形式之一，与文化传播密切相关，比（R.L.Bee）在《模式与过程》一书中认为："涵化是有别于传播过程、创新、发明、发现的一种变迁过程，凡是发生涵化情况的都发生传播，但传播只是涵化过程的一个方面或一个步骤。"涵化是一个渐进的过程，具体包括"文化之间的文化特质的传递（即传播），文化的结合、替代、融合、同化、隔离或孤立"六个环节。而文化涵化是指异质的文化接触引起原有文化模式的变化。也就是说，当处于支配从属地位关系的不同群体，由于长期直接接触而使各自文化发生规模变迁，这种规模变迁即涵化的结果。

如此看来，濡化不是同化，同时也有别于涵化，"涵化"指在某一文化内的，而"濡化"指文化间的。就中国传统体育文化的发展而言，既需要文化内的涵化，即中国体育文化、中国传统文化范畴的内部文化生态适应，也需要文化间的濡化，即与其他类型的体育文化和民族文化的交流融合，也就是外部意义上的文化生态适应。

四、传播与增殖的协同

作为文化现象的传播是指"文化的迁徙、采借、暗示以及分布等"。而文化传播（也称为"文化扩散"），由英国人类学家泰勒首先使用。关于文化传播的定义，因学科不同而有所差异：新闻学领域的界定是"一种文化传递扩散的迁移继传现象"；人类学领域则界定为"文化从一个群体到另一个群体的传递、散布过程"；文化人类学领域的定义是"指一种文化元素或文化由一个社会向另一个社会或多个社会的转移或互动，包括从另一社会借用其所创造的文化元素的文化采借"；文化社会学领域的界定是"文化传播是人们社会交往活动过程中产生于社区群体及所有人与人之间共存关系之内的一种文化互动现象"。通过上述定义可以把文化传播简单理解为"文化从发源处到他处的现象"，是一个复杂的过程，其中既涉及传播的方式、条件、表现形式，也包括社会影响、社会功能和影响因素。文化传播主要有两种方式：一种是具有某种文化的人们的迁徙；另一种是直接借用其他文化特质或特质中的原理。虽然文化传播在很多情况下都会发生，但并不意味着所有的文化都可以传播，只有具备了一定条件，文化才有可能传播：首先文化要具有共享性，也就是人们对文化的认同和理解；其次是传播关系的建立，即拥有共享文化的人们必须发生联系；再次是具有传播媒介，也就是通过什么样的工具和手段结成传播关系；最后是传播方式的构成，常见的传播方式有"相互依存模式、链式模式、相互传播模式、波式传播模式和根式传播模式"。就表现形式而言，文化传播分为"无意的传播"和"有意的传播"两种。同时，文化传播具有促进"文化融合、文化增殖、文化积淀、文化分层、文化变迁"的社会影响力和"社会交往、社会化、社会调适、社会控制和社会储存"的社会功能。当然，文化传播还受多种因素的影响，如"文化的价值效用量（价值量越大，文化信息量越大，传播的范围越广，传播的程度越深）、文化传播者的倾向和水平（不同身份的传播者往往选取不同的价值效用特性进行传播，其文化水平也关系到文化在传播中的变质程度）、文化信息在传播中途受到的干扰（一般说来，干扰力量与传播的广度、深度成反比，而人为的干扰往往导致信息的变质，并引起文化在传播中的变异）、文化接受者的实用价值观念和文化水平（实用价值观念与传出文化价值效用的不同对应，决定文化接受者的不同价值取向，文化接受者的文化水平最终影响到文化价值再创造的水平，结果可能使文化传播成为简单的文化复制，或价值扩大、缩小的文化表现，或使原有文化价值变质而转化为新的文化形式）"。

文化增殖是一种文化的放大现象，具体是指"文化传播过程中文化的意义和价值不断扩大和增殖的现象"。关于文化增殖，易剑东在《体育文化学》中的解释是"当一种文化原有的价值或意义在传播过程中产生出新的价值或意义，或者一种文化的传播面增加从而使受体文化相对于传体文化有了某种增殖放大，这就是文化的增殖现象"。文化增殖是一个复杂的过程，是基于文化的意义和价值维度的，表现为"量的增大"和"质的放大"，可以说是文化意义有了新的附加，价值有了进一步的提升，增殖的结果是两种文化的有机融合，或者是产生新的文化类型。

文化增殖是文化传播的结果之一，受"传体、受体、传播方式，传播途径、传播范围、传播频次、传播媒介和传播环境"等多种因素的影响，同时，"传体"文化的意义和价值，文化"受体"的承受力、宽容度、政治环境、文明程度、宗教信仰等也是影响文化增殖的重要因素。需要言明的是，文化增殖可以促进文化更深层次和更大范围的传播，但是，人的主观意识、心理和价值观念会在一定程度上影响文化传播，所以，文化增殖过程中也会出现原文化精髓被破坏的现象。

通过上述分析可见，文化传播是文化发生发展过程中的常见现象，而文化增殖是文化传播基础上的一种结果呈现。从生态适应的角度来分析，文化传播是生态适应的前提，而生态适应又是文化增殖的前提，三者之间的关系可以表示为"文化传播—生态适应—文化增殖"。因此，中国传统体育文化在生态适应语境下的发展要"瞻前顾后"，既要促进其有效传播也要促进其增殖。

第三节　中国传统体育文化在生态适应语境下的发展愿景展望

放眼世界，中国传统体育文化仅仅是世界体育文化大花园中有生命的一丛，其存在和生长都是在不断适应世界体育文化生态的过程中进行的。从历史的纵向维度回望，可以清楚地看到中国传统体育文化丛体中的各类体育文化的萌芽、发育、成长、成熟和衰落的完整历程，各个体育文化亚类在不同的历史阶段有着不同程度的成长，共同维持着中国传统体育文化这个文化丛体的生机和活力；从现实的横向维度观望，中国传统体育文化丛体与其他体育文化丛体有着各种各样的关系，在你来我往的接触和交流中共沐阳光雨露，在一起构成的世界体育文化大花园中发挥着自己的力量，共同保持着世界体育文化生态的总体平衡。放眼未来，世界体育文化生态会在"平衡—失衡—平衡"的循环往复中向前发展，在"适者生存"的机制中实现体育文化的多样性，实现文化发展的理想愿景——"各美其美，美美与共"。

一、中国传统体育文化向着本土认同加强的方向演变和发展

文化认同是指"个体对于所属文化以及文化群体内化并产生归属感从而获得、保持与创新自身文化的社会心理过程"。文化认同会"在个人层面上影响着个人的身份认同和自我认同，引导着人们热爱和忠实于民族传统文化，从而保存和扩大民族传统文化"。当前，西方国家凭借经济、军事、科技上的先发优势获取了较大的文化话语权，并且通过多种文化传播手段向其他发展中国家单向度地扩散其文化产品，企图以文化渗透淹没其他民族的声音。表现在体育文化方面是西方体育文化对世界体育文化的笼罩，非西方国家的民族传统体育文化只能在强大的冲击和压力下走上边缘化发展的道路。本研究认为，上述情况会随着发展中国家的逐步崛起和壮大而改变。一方面，随着经济全球化和市场经济的不断发展，"工具理性主导、消费主义流行、人际关系疏离、能源紧缺、环境污染等现代性问题不断显现所引发的理性反思使人们产生了对民族传统文化的怀念，体育文化领域'功利主义倾向、滥用兴奋剂、腐败、效益法则、资源浪费'等问题的出现使人们重新审视体育的本质"。另一方面，传统体育文化在适应世界体育文化生态的过程中所进行的适应性改变使其更加符合本族的体育文化需求，在本土的竞争力不断提高，本土认同也逐渐增强。德国Lamartin教授的研究显示："传统体育活动数量和范围缩小的速度呈减缓趋势而趋于稳定；以竞技体育为主流的正规体育虽然仍旧为制约传统体育发展的障碍，但欧洲和其他地方的传统体育和新兴的民间游戏已经开始对竞技体育发起了挑战。"因此，有理由相信，中国传统文化会随着中国的和平崛起而振兴，中国传统体育文化会在本土获得更多文化认同的基础上进一步发展。

二、中国传统体育文化的生态适应能力不断提升

中国传统体育文化的发展受国内自然生态、社会生态和文化生态的影响，

同时，世界体育文化发展的潮流也影响了中国传统体育文化的发展趋向。生态适应能力是指中国传统体育文化对各种生态环境变化做出自我调适以取得更好发展的能力，体现的是对生态环境变化的敏感性和与其他类型体育文化关系的协调性。中国传统体育文化自近代以来开始面对国内、世界体育文化生态的改变，经过近代化和现代化转型发展至今，在各种变革和改革中形成了吸纳其他文化优秀成分的能力。中国传统体育文化在长期的发展过程中与其他国家或民族的体育文化发生了各种形式的接触、交流和碰撞，不同文化亚类在适应生态的过程中发生了形态的转变，不断与其他体育文化融合，中国传统体育文化已经具备了一定的生态适应能力。21世纪必将是一个机遇与挑战并存的发展时期，世界各国对非物质文化遗产的高度重视说明传统文化发展将成为新的主题，全球化的进一步推进必将为中国传统文化的复兴和发展带来动力，中国传统体育文化也将会随着中国传统文化的复归而更具活力，必将承袭中国传统文化的优秀传统，在新的时代背景下要大幅提高其生态适应能力，以强大的发展后劲适应世界体育文化生态的各种变化。

二、中国传统体育文化以形态转变适应体育生态变化

中国传统体育文化的母体文化——中国传统文化具有顽强的绵延性、鲜明的扩散性、强大的生命力和历史穿透力，具体表现为刚健自强的基本精神、以德育代替宗教的优良传统、非凡的包容会通精神、天人和谐的科学理念，以及以人为本、人格道德为尊的人文传统，存大同、求小异的中庸主义思想。然而，中国传统体育文化也是个瑕瑜互见的矛盾体，仍存在保守意识、封闭式发展等表现。经历了中国封建社会几千年的风雨砥砺，中国传统体育文化在近代和现代实现了两次真正意义上的形态转变，近代化转型使其走出了封建主义的灰暗，从主角变成配角，现代化将其置于一个机遇和挑战并存的大环境中，从古代体育的主流变成现代体育的边缘。虽然，中国传统体育文化在两个历史时段都未能改变式微的境况，但两次形态转变使其具有了更加开放和包容的品格，同时也积累了更多适应生态变化的能力。随着全球化进程的不断推进，体育文化所处的自然生态、社会生态和文化生态都将面临大的调整和变化，中国传统体育文化势必在调整和变化中面临新的形态转变，有理由相信，具有深厚思想底蕴的中国传统体育文化将会以开放、融合的姿态和鲜明的文化个性实现形态转变，在体育文化生态新变化的适应过程中表现得更加从容和自然。

四、中国传统体育文化在趋同于世界先进体育文化中发展

"天地之大德曰生、和实生物、和而不同、生生谓之易、生生不息"的生命智慧和生命传统使中国文化源远流长。"和实生物、和而不同"所体现的是中国传统文化的融合力和包容性,中国传统体育文化在这一思想的滋养下也具有了对其他体育文化"兼容并包"的特性,这种特性在生态适应维度表现为趋同适应。在中国近代半殖民地半封建社会的特殊社会和历史阶段,中国传统体育文化在挽救民族危机的背景下依照西方体育进行了内容上的选择和改造。对当时具有先进性的西方体育文化的趋同适应,一方面是因为社会发展的需要,另一方面也反映了中国传统体育文化的自觉自省意识的萌生。随着世界历史进程的向前推进,社会和文化的现代化转型成为必然趋势,中国传统体育文化也在中国社会的近现代化转型中由自在、自发被迫性转化向自觉、自为的主动性转化转变,体现了对世界体育文化先进性的趋同。当前,"和平与发展"是世界历史发展的新趋势,不断涌现的高新技术、不断加速的科技创新、更加深层化的社会分工、不断加剧的国家间的竞争,不断增强的民族自我意识和日益多元的传媒时代的到来,使世界文化的发展具有了新的特征,世界体育文化生态也在这种文化和社会背景下持续变化。中国传统体育文化伴随中国文化的现代化转型而发展,不断以开放的姿态吸取世界体育文化的先进成分并将其内化为发展的动力。先进科学的方法、制度、理念、精神不断与中国传统体育文化的各种元素融合,形成一种主动积极适应世界体育文化生态变化的自我调适机制,逐渐以突出的民族性、大众性、先进性和科学性焕发生机与活力。因此,中国传统体育文化在今后面对世界体育文化生态的改变时,将会以鲜明的文化身份和突出的文化个性应对文化碰撞、文化分流和文化分化,有所选择地趋同适应,与世界先进体育文化一起构建和谐、绿色、文明的世界体育文化生态。

五、中国传统体育文化以全球视野助力世界体育文化生态平衡

无论是发达国家业已走过的现代化历程,还是我国正在进行的现代化,种种实践表明,以崇尚科学与理性为特征的现代主义并不能解决人类发展的所有问题。在工业文明及现代化过程中发生的"环境污染、金融危机、自然灾难、弱势群体造假泛滥、诚信危机、资源紧张、腐败、贫富分化"等问题也很大程

度上侵蚀着体育文化生态，表现为"金牌至上"理念的产生，出现了滥用兴奋剂、忽视健康、漠视人文精神等现象。这些现象在世界体育文化生态中所扮演的是"害虫"的角色，面对"害虫"的肆虐，人们开始反思并重新审视体育之于人的终极价值，正如雅斯贝斯所言："在体育运动中，我们仍发现和感觉到有某种毕竟是伟大的东西弥漫于这个事业之上，体育运动不仅是游戏，不仅是记录的创造，它同样也是一种升华，也是一种精神上的恢复。"后现代主义思潮对现代主义的理性反思或许会引发世界体育格局的新变化，因为，后现代主义倡导尊重个体，反对个体的压抑，强调人的主体地位，与"以人为本"的思想异曲同工，表现在体育领域即"弱化政治、经济、民族等宏大主题对体育的束缚，转而关注个体的体育活动，使体育进一步为增进个体的身心健康服务，为人的全面发展服务"。可见，体育在精神层面的回归成为新时代的呼唤。中国传统体育文化，具有深厚的哲学思想底蕴，中国传统体育文化在不同层面所表现出来的"重视人与自然的和谐、追求天人合一、顺应自然"的思想与体育之于人的终极价值高度契合，为世界各国共同体育价值观的构建提供了重要思想来源，从人类体育精神层面促进了世界体育文化生态的平衡和良性发展。

第四节　中国传统体育文化在生态适应语境下的发展路径选择

所谓发展路径，意指达到发展目的的具体方式、方法，就中国传统体育文化而言，其在生态适应语境下的发展路径应依据发展基点，围绕生态适应框架下的演变适应、交互适应、形态适应和趋同适应四个维度展开。首先，在演变适应维度要通过价值寻根与重建、重塑文化个性来突破现实困境，实现传统的后现代化转型；其次，在交互适应维度要促进濡化与涵化的结合，实现积极濡化和规避文化同化；再次，在形态适应维度需要通过整合促进内部形态转变，同时通过创新来改变外部形态；最后，在趋同适应维度要通过跨文化传播适应世界体育文化生态的变化，同时以文化增殖地域的拓展促进自我适应能力的提高。

一、演变适应维度：突破现实困境，实现传统的后现代化转型

中国传统体育文化是个集合性的概念，就形成时间而言没有具体明确的节点，包含其中的每一个亚类传统体育文化都经历了缓慢而曲折的演变过程，

历史学意义上的古代时期，中国社会和传统文化相对平稳的演变为中国传统体育文化的发展和存续提供了相对平衡稳定的社会生态和文化生态，各亚类传统体育文化所经历的起源、萌芽、发展、成熟、消亡是一个较为普遍的规律，而且是文化发展的自身规律，可以谓之"自然而然"，在这段长达数千年的时期里，中国传统体育文化在发展空间上也未曾面临过较为严重的困境，不同亚类的传统体育文化各存一隅，互敬共生。时至20世纪，中国文化受到西方近现代文化的影响，中国传统文化与现代化之间的观念冲突日渐明显。然而，"20世纪六七十年代，西方文化发生的'后现代化'的转向，对西方文化传统的理性主义和本体论进行重新审视，反对工具理性对人的钳制，对科学理性主义的自明性、确定性、客观性、科学性根基进行了彻底的质疑和瓦解"。"后现代化"是现代化的延续，肯定了现代化的存在和优点，否定的是现代化的霸权和局限，可以说是对西方现代性的理性反思，这一思潮使人们对现代化有了清醒和理性的认知，后现代对经验性的认可和复归引发了人们对传统文化和文化传统价值的重新认识。

（一）价值寻根与重建是实现后现代化转型的出发点

中国传统体育文化面临的最大问题在于体育价值观的西方化，体育价值层面的领地失守将影响传统体育文化的发展。长期以来，以西方发达国家为代表的体育文化凭借国家的强势而处于主流和主导地位，对处于被动和边缘状态的发展中国家的体育文化形成强大的侵染力，传统体育的发展空间和传播范围都因此大大缩减。西方体育与现代媒体在利益驱使下的结合加速了西方体育文化和体育价值观的传播，使人们误认为体育就是西方体育的样式，而对传统体育文化失去了应有的关注和认同。西方体育逐渐作为一种世界性的标准和符号使人们的体育思想和价值取向发生改变或移植，直接结果是钝化了人们对于传统体育文化的认知和创造力。鉴于此，中国传统体育文化在生态适应维度的发展首先要解决的问题就是国人体育价值观的寻根和重建。然而，寻根和重建非一日之功，毕竟西方体育文化对人们体育价值观的改造还在继续，且有愈演愈烈的趋势。

所谓价值寻根，首先要明确中国传统体育文化之"根"的基本内涵，毋庸讳言，中国传统体育文化的"根"乃"传统"二字，传统学意义上认为"传统是人类创造的不同形态的特质经由历史凝聚沿传下来的诸文化因素的复合体"。从这层意义上来看，中国传统体育文化中的"传统"乃是对中国体育文化的有条件选择，不仅表明体育文化是"旧有的"，同时也作为标准确定了体育文化的身份特征，即传统体育文化是具有"民族性、地域性、时代性、历史性和传承性"的体育文化。需要指出的是，中国传统体育文化的"传统"还有一层核心意义上的内涵，那就是中国传统文化的附着，所体现的是具有悠久历史和深厚底蕴的中国传统文化的特质，也就是说，中国传统体育文化之"根"在于中国传统文化和由此衍生的文化传统。中国传统文化前文已述，而所谓文化传统是指具有价值和意义的典章制度、风俗习惯以及作为人类现实活动的行为规范、价值标准和精神观念等，是应当遵循和肯定的活文化的总和。由此看来，中国传统体育文化的价值寻根即对中国传统体育所承载的文化传统的重拾和再认知，文化传统可以说是一种文化或一个民族的特质符号，小到一种文化，大到一个民族都以此作为独有的个性和价值所在，经历史证明，一个民族一旦失去自己民族的文化传统，尤其是标志文化特质，是很难自立于世界民族之林，终究是要被淘汰出局的。因此，中国传统体育文化要走出当前所处的困境，需要重新审视文化传统的力量，唯此，人们对于中国传统体育文化的价值观才有可能回归。而中国传统体育文化的价值重建也应围绕文化传统进行，中国传统体育对于礼让、自律、内省的注重彰显了体育之于人的价值，更加接近于体育是人格教育的价值追求，中国传统体育文化所强调的身心和谐统一、顺应自然和天人合一的思想是体育之于人和社会的价值体现。可以说，中国传统文化孕育出的传统体育文化思想更加接近于朴素意义上的体育的本质，这与西方体育所追求的目标有较大的差异，但本研究认为，西方体育的强势会随着人类对于自身价值的认识而回落，其重点将是中国传统体育文化所崇尚的身与心的和谐、人与自然的和谐。或许这一观点具有一定的"民族文化主义"的倾向，但放眼人类与体育的整个发展历程，西方体育文化的强盛和中国传统体育文化的没落都是阶段性的，体育文化的发展方向最终是以人类发展需要为依归的。回望中国传统体育文化的发展历程不难发现，是人和社会发展的需要引领了体育文化的发展方向。

现代化是人类社会发展的必经阶段，是人类社会各领域发展方向的指引，中国传统体育文化也在其中，中国传统体育文化的"后现代化"乃发展趋向。中国传统体育文化的后现代化是以体育文化现代化为基础的，体育文化现代化的内涵表现在以下几个方面：第一，科学化。科学化具体是指"运动手段、方法、规则和理论基础等能够被不同国家和民族的人们理解"。第二，规范化。具体包括组织和管理制度、法规体系等，形成完善的教育、培训和竞赛保障体系。第三，社会化。具体包括组织形式、范围、价值取向，形成社会办体育的机制，体育活动灵活机动、能适应不同条件的群众等。第四，国际化。国际化包括举行世界性的赛会、相互交流的运动员和教练员，在国外设立培训机构等。上述四个方面即为中国传统体育文化后现代化和价值重建的方向，同时也是世界体育文化生态对中国传统体育文化的要求。因此，后现代化转型是中国传统体育文化的价值寻根和重建的时代背景，但需要注意的是，中国传统体育文化的"后现代化"是以保持传统为基础的，是以传统与现代相互借鉴和融合为基础的，"不能把在悠久历史中积淀形成的文化个性和价值体系消融到西方体育文化语境中去，丧失自己的内在精神与文化记忆，改变自己的价值标准"。

（二）演变过程中的文化个性重塑是后现代化转型的要旨

回顾历史不难发现，历经百余年的发展，中国体育文化生态发生了很大的变化，在西方体育文化的影响下，中国传统体育文化与西方体育文化分庭抗争的状态逐渐趋于缓和，西方体育文化逐渐适应了中国的社会和文化生态，在学校和竞技领域站稳了脚跟，而中国传统体育文化则在"民间"寻求到了发展空间。我们对体育文化的认知经历了"生物体育观""政治体育观""文化体育观"的转变，但体育事业的发展重心还是偏向于西方体育主导的竞技体育领域，在学校体育领域中，体育课的内容也以西方体育项目为主，群众体育领域的西方体育项目也广为普及，中国传统体育则延续了以前的发展状态，在日渐窄化的发展道路上踽踽独行。

文化个性是"表现在地方共同群体中的文化特质和文化集结的聚合"。可见，文化个性是一个民族文化的特质体现，是一种文化，称为文化的根本。从生态适应的视角来看，中国传统体育文化要在当前及今后的世界体育文化生态中获取更大的发展空间，关键的一点就是在不断的演变中重塑文化个性，"后现代化"是中国传统体育文化个性重塑的契机，当然，文化个性的重塑是以传统文化的价值寻根和重建以及文化价值观的回归为基础的，前者上文已述，而关于文化价值观，其基本内涵"是在人们长期的生产生活过程中形成的对利益判定、风险认识、审美标准、生活偏好和行为取向的价值系统"。中国传统体育文化的文化价值观要从中国传统文化中找寻，依照文化价值观核心的认定标准（统摄性、公认性和超越性），中国传统文化的核心价值观乃"和谐"，因为中国传统文化的核心思想是"阴阳易变、天地和合"：儒家礼教的核心是"和合、中庸"；道家倡导"无为"，追求人与自然的和谐；法家力主"一断于法"，追求的是人与社会的和谐；墨家主张"兼爱、非攻"，追求人与人的和谐。而中国传统体育文化的思想基础即为上述的中国传统思想，可以说，"和谐"是中国传统体育文化价值观的核心所在。"后现代化"思潮对西方现代性的反思为中国传统体育文化价值观的回归提供了背景基础，同时也为中国传统体育文化的个性重塑指明了方向——"理性"和"科学"。所谓"理性"，是指对中国传统体育文化和西方体育文化的认识要客观，既要看清中国传统体育文化的优势和长处，也要看到不足和缺陷，对待西方体育文化也不能只看到积极的方面而一味模仿照抄，对其存在的消极因素也要理性看待；所谓"科学"，即中国传统体育文化的发展需要以严谨审慎的态度剔除或改造与当前体育文化生态相左的内容，适当借鉴西方体育文化的规范性、严谨性和国际性等优秀成分，在较大限度保证民族性和传统性的基础上将文化核心价值的科学性展示于世。总之，中国传统体育文化个性的基本内涵是民族性和世界性兼具、传统韵味和科学价值兼有、讲求融合而又相对独立，即中国传统体育文化在后现代化转型的过程中应成为既具备适应世界体育文化生态变化的自我调适能力，又具有核心竞争力的文化类型。

二、交互适应维度：濡化与涵化结合，适应世界体育文化生态

濡化是外来文化的元素与本土文化因素在本土文化环境中融合的过程，是在生态适应维度的交互适应的意涵。而涵化在生态适应维度的含义是不同文化之间的交互适应。如此看来，濡化与涵化的结合是中国传统体育文化与其他体育文化相互作用的两种基本形式，同时也是世界体育文化生态中体育文化之间交互适应的主要形式。在濡化与涵化的过程中，体育文化会加深对自身和他者的理解与认知，进而形成文化自觉。当然，"文化自觉是一个艰巨的过程"，需要在认识自己文化的基础上理解所接触的各种文化，从而在多元文化的世界中合理定位，通过自身的自主适应，"和其他文化一起，取长补短，共同建立一个有共同认可的基本秩序和一套各种文化能和平共处、各抒所长、联手发展的共处守则"。

（一）吸纳精粹，积极濡化

从历史发展规律和当今社会的发展趋势来看，文化全球化是不可避免的，也就意味着文化的发展会日益开放和一体化，这本身也是文化发展的实质和总体方向，否则文化发展的生命力和创造力就会受限。体育文化也是如此，政

治、经济、文化的全球化势必带来体育文化的世界化传播，不同民族和不同地域的体育文化交流会更加频繁，也正是在这一过程中人们意识到了"民族与世界"的辩证关系。既然不同类型体育文化间的交流不可避免，相互之间的濡化现象也就自然而然发生。中国传统体育文化在面对外来文化影响和冲击的时候自身会发生变化，同理，一种文化进入另一种文化的生长场圃也会做出适应性调整。当然，调整的程度与文化的地位密切相关，高势位的体育文化做出的调整会比低势位的要少。也就是说，濡化更大程度上会发生在低势位的体育文化上。中国近代史上，传统体育文化濡化的例子并不鲜见，武术、龙舟、风筝等传统体育项目都不同程度地吸收了西方体育的文化元素，在西方体育的影响下进行了改良，这种"借他山之石为我所用"的现象就是濡化。在未来的发展过程中，中国的传统体育文化势必会接触到更多的体育文化，应该多采借其"优秀、先进、科学"的文化要素并使之与自身文化要素融合，避免采借那些与"传统"相悖或者属于"文化垃圾"的文化要素，因为，"文化的魅力是个性，你效仿他，他反倒排斥，觉得无味；你真地用他们的声音，走进他们，很快便会给那喧闹如潮的声音所淹没"。也就是说，中国传统体育文化在发展过程中要积极吸纳其他文化的精华部分，形成能够促进自身发展的积极濡化。

  积极濡化不仅可以使中国传统体育文化尽可能保持自身的民族特色和文化个性，同时也是对"文化霸权主义"的警惕和防备，文化霸权主义的基本内涵是"对自己的文化怀有一种居高临下的优越感，并把自己的文化作为衡量一切文化的尺度和标准"。而"西方文化霸权主义是西方国家把其物质生活方式、人生观和价值观作为一种普世的行为准则加以推行，赋予自己在文化上的支配地位"。其直接表现形式是文化的单向输出，西方的价值观、生活方式、消费观、行为规则和思维习惯等也在这一过程中逐渐对其他国家产生影响，进而取代该国的民族传统文化的地位。中国传统体育文化当前所遇到的发展问题与西方体育文化的单向输入不无关系，这一现象从文化生态的角度来看并非好事，也就是说，当前的世界体育文化生态属于一个无序的纷乱状态，流行的效益法则"把体育的竞技属性推向了极致……导致由财团操纵的大型竞技体育比赛有着强大的经济利益诱惑，而对经济影响的强弱以及经济话语权的多寡同样决定了体育趋同的方向"。长此以往，经济、军事相对弱势国家的民族传统体育文化将会面临"文化失语"的困境。中国传统体育文化的积极发展会很大程度地促进文化内部适应性的生成，在面对西方体育文化影响之时可以尽可能地保持自身品格，同时也可以为适应世界体育文化生态的新变化蓄力。

（二）选择性采借，规避文化同化

文化采借是涵化的前提，而文化采借又是建立在两种文化不断接触的基础之上的。而所谓文化采借是对外来文化元素和文化集丛的借用，是一种较为普遍的文化发展现象，虽然文化采借发生于两种文化接触后的传播过程中，但并非完全对等，通常的情况是相对落后的文化采借相对先进的文化中的元素，同时，文化采借也有一定的选择性，主要有3个选择标准。中国传统体育文化自近代开始较为全面地接触西方体育文化，在此过程中，中国传统体育文化始终处于被支配的位置，面对西方体育文化，中国传统体育文化在采借的过程中也出现了"重物质、轻精神"的情况。即中国近代引进西方近代体育时，忽视了其人文精神。当然，采借更多的时候起到了积极作用，如武术文化很大程度上"采借"了西方体育在教学过程中的先进部分，从而改变了传统武术原来的"师徒相传"的教授方法，原来的模式逐渐改变，开始发生涵化，此例也印证了"体育文化涵化过程一般分为混乱、适应、平衡三个阶段"的说法。体育文化达成涵化目的的方式有"增添、代换、混合、创新、抗拒"几种，主要受历史时期、文化性质、社会需要和社会背景的制约。中国传统体育文化的发展在"涵化"方面有两个问题需要特别注意：其一，尽可能保持自身不被涵化。虽然涵化在某种意义上是传统体育文化发展的必经阶段，但涵化也会一定程度上导致同化，因此要从涵化达成的方式方法中有意识地去防止外来体育文化的影响，避免因精髓丧失而被同化。其二，尽可能使外来体育文化发生涵化。此举一方面可以防止自身被同化，另一方面在对外输出的过程中使对方的体育文化发生涵化，中国传统体育文化才能更好地适应当地的生态，否则就没有机会在"受体"方增殖。因此，中国传统体育文化要适应世界体育文化生态，必须充分考虑"受体"所处的社会背景、社会需要和文化性质，也就是要逐步适应社会生态和文化生态，在此基础上通过体育文化意识的认同与接轨来促成他族体育文化的涵化。

三、形态适应维度：加强整合创新，实现文化形态的科学转变

文化整合是一个较为复杂的过程，其目的在于实现"我文化"与"他文化"的交流融合，同时还需要考虑"传统文化"与"当前文化"的关系，这也是有效文化整合必须处理好的两个关系。作为中国传统体育文化来讲，整合过

程中，一方面要加强与"他文化"——西方体育文化及其他体育文化的交流和碰撞，毕竟民族文化需要在与外部环境、外来文化的不断撞击中得到锤炼和发展；另一方面要厘清"传统体育文化"与"现代体育文化"的关系，辩证地看待自身和他者的长处与不足。文化整合之后所赋予的意义即为文化创新，文化创新会使文化更具生命活力，不断创新是文化发展生机和力量的来源，文化创新的基础是文化整合，各种文化要素或文化特质通过整合可以实现自我筛选、去芜存菁以及与他文化的有效融合。中国传统体育文化的创新同样需要这样的过程才能更具发展活力，才能以文化形态的科学转变来适应不断变化的体育文化生态。

（一）以整合促进内部形态转变

通过上述分析可见，文化整合是文化自身要素的筛选和重组，也就是所谓的内部形态的变化。而体育文化整合"是不同体育文化特质或要素乃至于体育文化系统相互吸收、适应、协调达到和谐统一的过程。包括3个方面的内容：第一，在各种意义中的一种逻辑的、情绪的或美感的协调；第二，体育文化规范与行为的适合；第三，不同成分的体育风俗制度在功能上的相互依赖及加强"。中国传统体育文化的整合是在与其他体育文化接触、交流和碰撞中对于自身构成要素的调适和重组过程，这种调适会因体育文化的"势差"有所不同。也就是说，两种不同类型的体育文化发生关系时，处于"弱势"的体育文化做出的适应性调整会更多，中国近代"土体育"文化面对"洋体育"文化的冲击和影响时的退让就是此问题的力证。持文化进化论观点的学者认为，文化适应是文化整合的基础，适应包含了"淘汰、改造或新增"，如此看来，中国传统体育文化的整合是一个"扬弃"的过程，传统固然重要，但并非所有的传统都能适应新的生态，即上文所表达的。中国传统体育文化的整合需要在"后现代化"的语境中对"传统"进行去芜存菁的拣选，唯有如此，"才能既有见于文化之整，又有见于文化之分；既有见于文化之变，又有见于文化之常；既有见于文化之异，又有见于文化之同"。

中国传统体育文化的整合需遵循几个基本原则：第一，平等对话原则。所谓平等对话是从文化的本质属性上考虑的，即文化在本质上不存在优劣之分和主次之别，中国传统体育文化与西方体育文化等其他体育文化的交流理应在相互尊重的基础上进行，交流的方式也应是多元的，而非单向的输入或输出。第二，充分接触原则。文化的整合并非在两种文化的接触之始，而是通过交流、碰撞、摩擦甚至冲突之后才发生的。因此，中国传统体育文化的融合是以多方面接触、各层面交流、多维度融合为基础的。第三，求同存异原则。求同存异是以文化多样性的保持为依据的，不同归属的文化具有各自的特征和个性，文化间的交流会使彼此长短互见。中国传统体育文化与西方体育文化的融合也该是"学他之长补己之短"，融合的过程中尽可能寻求彼此的共同点，而对相互矛盾和抵触的部分也不能盲从或强迫，要尊重差异性。第四，完整系统原则。文化整合是一个渐进的漫长过程，文化的不同层次在融合时并非齐头并进，而是由物质到制度、由制度到精神的递进，同时，文化元素之间的交流，适应和融合也具有较强的阶段性，也就是说，文化整合是一个较为完整的系统性过程。

文化整合具有三个特点：①有两个独立文化群体的接触；②包括接触、冲突和适应三个典型的阶段；③发生在个体和集体两个层面上。就中国传统体育文化的整合而言，与其接触最频繁、影响最大的独立文化群体即西方体育文化，两者自中国近代以来即开始接触，并发生了交流、碰撞和冲突。最终的结果是中国传统体育文化逐渐适应了因西方体育文化进入而改变的中国体育文化生态，而西方体育文化也在中国作出了适应性的调整和改变。同时，两者的融合既表现在个体体育行为和体育价值观方面，也表现为国家层面的中西体育文化论争抗衡和适应。中国传统体育文化的整合与西方体育文化的影响密不可分，西方体育文化的文化因素对中国传统体育文化产生的影响主要表现在理论基础、价值观、体育行为方式、规范性、制度规则和项目体系等方面。中国传统体育文化整合内容是基于文化层次划分的，即物质层面、行为层面、制度层面和精神层面，物质层面表现为器材、场地、服装等，行为层面表现为个体和集体的体育行为方式，制度层面表现为体制、规则、组织形式等，而精神层面主要表现为体育道德、体育价值观。而对于文化整合模式，主要有注入式、渗透式、分离式和消亡式四种。

（二）以创新改变外部形态

不断创新是中国传统文化的基本特征之一，"中华文化几千年来历经冲击仍可以不断强大、不断发展，原因就在于中华文化的根本精神是吐纳吸收、自我创新，能容纳并且融合古今中外各种思想"。"改进或创造、发现或产生"是创新的实现方式，预示着创新是对传统的改进，或者在传统基础上的再造。中国传统体育文化的创新是其进一步发展的前提，而创新的过程其实是对"传统"价值的再发掘和再发扬，意味着创新是继承和发扬传统基础上的改变。中国传统体育文化创新还要坚守"传统"不丢的底限，毕竟"传统是历史和现实之间的一种联系，也是不同的现实之间的一种联系，体现的是文化发展和进化中过去、现在和未来之间的辩证联系"，丢弃了传统，中国传统体育文化的命运就是被同化，从而湮没在西方体育统辖的潮流中。但是，对于传统也应辩证地看待，固然"想砸烂一切传统文化建立新文化，是粗暴的，也是很难实现的。但是躺在传统文化的交椅上，不去吸收新鲜的东西，就难以创新，还将导致自身的萎缩"。中国传统体育文化中潜藏的"理论上没有科学阐释，技术层面上缺乏严谨规范和体系，文化上无鲜明民族特征，无现代体育文化理念"等问题需要在借鉴的基础上进行改进，消极因素也需要在新的生态环境下摒弃。

"文化创新是原有价值体系、思维方式、心理定式的解构，也是新的观念、知识、体制的建构；是传统的惯性的消解，也是传统的精华的重铸……文化创新不仅是文化内容的激活，更应当是文化模式或文化范式的革命性转型"。可见，文化创新是一个由量到质、由旧到新、由变到成的过程，具体到中国传统体育文化的创新而言，其基本内涵是价值观念创新、规制创新和存续样态创新。具体而言，中国传统体育文化的价值观念创新是对原有思维方式、思想观念、精神价值的自我批判和重新选择，是基于新时代背景下人们的现实需求而做出的适应性改变，中国传统体育文化根植于中国传统文化，其中，保守、落后的成分理所当然地应该予以祛除，更重要的是在观念层面摒除"保守残缺"和"崇洋媚外"的极端思想，"兼采中西，并揽古今"，发掘传统文化和文化传统的养料，并注入"他文化"的活力因素，以开放包容的新姿态重塑形象和个性。规制创新方面是指大胆借鉴其他体育文化在满足人们需求方面的实践经验，对一些特色鲜明、健身效果明显、易于开展、群众喜闻乐见的项目进行改造，使其在国内能够发挥满足人们体育需求的作用，对外则加强规范性改造，使其能够像跆拳道、柔道一样在世界体育文化生态中绽放光彩。在存续样态方面，加强健身性、娱乐性的发掘，整理形成体系化的健身内容，形成自己不同于西方体育的特色，改变在大众中"小众化"存在的面貌。同时开发适合不同年龄段开展的传统体育活动，使其在学校体育中逐级提高技术、技能水平。总之，中国传统体育文化是一个丰富的宝藏，并且具有创新的思想基础，采取措施进行开发和利用不仅能够达到文化创新的目的，而且对于重塑国人的体育价值观也大有裨益。

四、趋同适应维度：促推跨文化传播，拓展文化增殖地域范围

中国传统体育文化对世界体育文化生态的趋同适应具有主动与被动两方面的含义，所谓被动的趋同适应是指中国传统体育文化追随世界体育文化发展的潮流而改变自身，是一个受外界影响较大的被动适应过程。而主动的趋同适应是指在对外传播与交流的过程中调适不符合世界体育文化生态之处，在"他文化"环境中积极应对各种变化的适应性调整。相比而言，被动的趋同适应表现为在文化形态改变上的迟滞和钝化，主动的趋同适应则表现为文化整合和文化创新的高频度，同时也更容易发生文化增殖，从而获得更大的发展空间和更多的发展机遇。

第三章 中国传统民俗体育文化

对我国传统文化进行研究传承、创造性转化，使之发扬光大，提高我国文化的软实力，是热爱我国传统文化的具体表现，是向世界展示我国传统文化魅力的重要举措。

第一节 民俗体育旅游资源开发

一、民俗体育旅游资源是开发民俗体育旅游产业的潜力与动力

现代旅游产业在20世纪得到了前所未有的发展，已逐渐发展成为全球最大的新兴产业。随着经济的发展和生活水平的提高，人们的精神文化需求也随之增加。对精神文化的需求是追求品质生活的一种内在动力。旅游现今已成为国民休闲娱乐、满足精神需要的一种高雅的生活方式。体育旅游是体育运动项目与旅游资源相融合的一种供人们娱乐、健身的休闲方式，是旅游产业的组成部分。

民俗体育旅游是指人们以观赏和参与民俗体育活动为主要目标的旅行和暂时在异地逗留时所进行的与民俗体育活动有关的健身、娱乐、表演、竞技等活动形式的总称。在体育旅游基础上发展起来的民俗体育旅游是旅游多元化发展的结果，是人们共享民族文化、地域文化、特色民俗活动的最佳选择，是旅游业开拓发展的新秀和亮点，受到社会各界的关注，深受游客的喜爱、追捧。因为民俗体育旅游迎合了游客对旅游产品的特色需求、参与需求、体验需求、健身价值需求，而成为未来旅游发展的新热点。民俗体育旅游资源是人们开发旅游景点、发展民俗体育旅游事业所要考虑的首要因素。所谓的旅游资源，就是客观存在的，能增强对游客的吸引力，激发游客观赏风光、领略美景的兴趣与动机的资源，涵盖自然景观、人文景观、历史人物、宗教文化等内容，这些资源与民俗体育融为一体，使游客在游玩中体验与民俗体育活动有关的游玩项

目。也就是说，民俗体育旅游资源，它能让人们在异地旅游时，了解当地历史，感受他乡的民俗风情，见识异域风情民俗体育的内涵、精神、运动、造型、力量之美等内容。我国地形和气候的多样性以及民族和地域文化的多样性等因素，使得我国的民俗体育资源各具特色，内容丰富多彩。如北方人民进行的骑射、摔跤活动；沿海地区的游泳、潜水活动；崇山峻岭中的登山、攀岩项目；田间地头的秧歌、采茶舞；节日里盛行的舞龙舞狮、祭拜神灵、祭拜宗祖等活动。可以说，每个地区、每个民族都有自己独特而珍贵的民俗体育项目。正是这些不同地区形成了不同的民俗风情和民俗体育活动，才有了"南人善舟，北人善马"的事实差异。开发民俗体育旅游资源的最大缘由，是它与人们的日常生活接近，能让人们开心、主动地参与不同的民俗活动，亲身感受不同地域的民俗、文化，让人们融入当地的特色活动中，在当地的民俗运动中体验健身和娱乐的乐趣，而不再局限于传统的观光旅游形式。

民俗体育旅游作为一种高层次、高品位、高参与性和体验性的文化旅游，因迎合和满足了现代人求新、求异、求知、求同、寻根、健身、体验、参与等心理需求，而成为现代旅游业发展的新趋势。民俗体育发展理念融合"养生"概念协调发展，将成为人们健康生活方式、精神文明追求、高品位休闲旅游的主流，也将成为旅游业的新的发展方向，得到再次开发并推向旅游市场。

二、民俗体育旅游资源开发现状

民俗体育旅游资源在各景点地开发程度不同。旅游业创造了巨大的经济价值，已成为各国推动国民经济发展的支柱产业。开发有特色价值的旅游资源，吸引游客前往体验、分享，满足人们对美好生活的需要，是旅游事业发展的重大方案之一。在振兴旅游事业的过程中，民俗体育旅游作为一种新兴的旅游方式，已获得了人们的认可，成为景区开发的亮点工程。民俗体育旅游规划、开发、经营比较成功的案例是山东潍坊的"千里民俗旅游线"。1984年，首届潍坊国际风筝会成功举办，之后，每年举办一次，吸引了大批的中外游客，使潍坊成为山东省重点发展的旅游城市。潍坊能够顺利发展成为重点旅游城市，不仅与潍坊享有"世界风筝之都"的美誉有关，还与山东省旅游局成功开辟了"千里民俗旅游线"的民俗旅游景区有关。

"千里民俗旅游线"是潍坊依托当地的名胜古迹、历史文物，年画之乡的人文景观、自然景观、宗教文化、民间艺术、手工艺品、风味小吃等独具特色的文化而成功开发的。潍坊的名胜古迹有"三山联翠、障城如画"的云门山、驼山、劈山。云门山是一著名的古迹，山顶云门，远望如明镜悬空，曾有"明光一点通南极"的诗句，云门山阴有一巨型摩崖石刻"寿"字，人称"云门献寿"；驼山有隋唐时期摩崖石窟造像群，石刻艺术精湛，保存完好。潍坊的历史名城有古老的青州。青州为古九州之一，历史文物十分丰富，东夷先民在这里创造了灿烂的古代文明，它还是齐国、西汉、隋唐、明清等朝代在山东地区的政治经济、文化中心。另外，青州还有广固城、明清古街道、国家一级博物馆青州市博物馆等。潍坊的年画之乡是指杨家埠村，杨家埠村为全国三大木版画发源地之一，誉满全球。杨家埠民间艺术大观园为仿古建筑，四合院结构，内有杨家埠木版年画陈列馆、杨家埠风筝陈列馆、民俗院、婚俗馆。人们在这里可以亲手扎制风筝、套印木版年画，也可以放风筝、坐空中缆车等。潍坊的人文景观有潍城的十笏园，十笏园是一处著名的古代园林，布局精巧。潍坊的自然景观有仰天山国家森林公园，仰天山地下溶洞长达数百米，溶洞之大为中国北方之最；临朐沂山，林木茂密，巍峨多姿；老龙湾风景秀丽，四季恒温；石门坊的秋山红叶令人心旷神怡。在民间艺术、手工艺品方面，潍坊红木嵌银漆器为全国独有，仿古铜器、布玩具、核雕、红丝砚等手工艺品制作精美，弛名中外；高密扑灰年画、剪纸、泥塑等民间艺术独树一帜，倍受人们的青睐。在山东潍坊，民俗文化已得到了较好的挖掘，而且也较好地与旅游者的需求结合起来。

"千里民俗旅游线"的主要旅游线路有五条，旅游者可以按照自己的兴趣和爱好挑选旅游路线。

五条旅游线路分别是：

（1）民俗旅游线。以潍坊国际风筝会为龙头，以"千里民俗旅游线"各景点为基础，根据游客的不同要求开展专项旅游，包括风筝游、情系乡间游（以体验农家生活为主）、民间艺术游、化石探古游、书法游、风味美食游、名胜古迹游等。

（2）观光旅游线。以青州临朐的自然风光和人文景观为主，包括云门山、驼山、玲珑山、仰天山、偶园、范公亭、沂山、石门坊、老龙湾、山旺化石、青州博物馆等景区。

（3）娱乐旅游线。以富华游乐园、金宝乐园、浮烟山旅游度假区、昌乐宝石城为主，通过全面开发，把潍坊建成了现代化设施齐全，集观光、度假、娱乐、休闲为一体的旅游娱乐中心。

（4）以潍坊北港为龙头的海上旅游。主要包括海上观光、娱乐和海上运动项目，吃、住、行、游、购、娱六大要素基本配套。

（5）以农业高新技术走廊为龙头的田园生态旅游。潍坊至寿光已基本完成田园生态旅游项目的开发。潍坊至青州、潍坊至诸城、潍坊至昌邑也将逐步开发。潍坊"千里民俗旅游线"将给游客们留下美好而难忘的记忆。

在我国辽阔的少数民族地区、山区等一些经济欠发达、民俗体育资源又丰富的地区，民俗体育旅游资源的开发却不尽人意，很多只是停留在口头的"主题"讨论上。这些地方的民俗体育旅游资源开发依然需要政府、社会力量、民间团体、个人的不懈努力，以让游客尽情地领略独具特色的乡土文化和古朴的民风，让民俗体育文化在不同人群中得到更好的传承与交流。

三、民俗体育旅游资源的开发策略

1. 全面认识、统筹发展民俗体育旅游资源

民俗体育旅游资源是我国旅游产业资源开发中的闪光点。其魅力在于其民俗特色、风土人情、人文地理等景观优势，这些景观优势能将人们喜闻乐见的民俗事象、民俗活动融入旅游项目中。民俗体育旅游资源更多地蕴藏于原生态的乡村地区，因为民俗体育产生于各个历史时期的原生态的乡村中，尽管现在的乡村受城镇化建设、新农村建设等因素的影响发展较为迅速，但相对于现代城市的发展来说，总体上还是滞后而缓慢的。

在进行民俗体育旅游资源开发时，运营管理者往往将其与乡村旅游、农业旅游结合在一起进行综合开发。民俗体育旅游、乡村旅游、农业旅游之间存在一定的联系，均可依托自然生态、人文生态，让游者观赏特色风光、疗养健身，参与"采摘游"等活动。但对特定地域的旅游资源开发中，经营者、开发者首先要全面认识资源开发的性质，然后进行统筹规划，再进行"点、线、面"的铺陈设计，重点开发差异性的民俗体育旅游项目，构建具有鲜明地方特色的民俗体育旅游文化圈。让旅游者能参与更多的民俗体育活动，体验当地的游艺民俗活动、生产民俗活动等各具特色的民间民俗活动。同时增强旅游景区的吸引力，提高其知名度、美誉度、竞争力，让民俗体育旅游受到更多人的热爱，成为他们享受休闲生活的优选方式。

2. 借助资源优势，开发民俗体育旅游特色体验项目

体验经济时代旅游的显著特征是旅客在旅游中以参与、体验为主要目的。体验经济以发达的服务经济为基础，被称为人类的第四个经济生活发展阶段，

或称为服务经济的延伸，也是信息时代的产物。国内外各行业都在发展体验经济，如工业、农业、计算机业、旅游业、商业、服务业、餐饮业、娱乐业（影视、主题公园）等。其中，娱乐业已成为世界上成长最快的行业之一。

民俗体育旅游业具有典型的服务经济性质，其服务特色是满足旅游者对特色旅游产品的需求，如健身需求、娱乐需求、参与需求、体验需求、观赏需求等。民俗体育旅游成为旅游发展的新热点、旅游开发的焦点已是不争的事实。各个旅游区的民俗体育旅游项目顺利吸引旅客的关键在于民俗体育旅游资源开发的新颖性、趣味性、娱乐性，健身性、参与性、合理性等因素。要想顺利开发民俗体育旅游资源，旅游景区的开发者、规划者、运营者就要整合本地域的优势资源，规划、开发民俗体育旅游特色体验项目，达到景中有人、景中有生活气息、景中有运动激情、游客自愿留恋其中的效果，把景区观光和运动体验有效地结合起来。

3. 建立区域景区联合开发模式，突出联合发展的理念

随着国内外旅游市场的快速发展，国内旅游业正积极探索旅游发展策略，努力打造特色旅游项目，提高旅游景区的核心竞争力，这也是我国旅游产业的发展主题。我国民俗体育资源的观赏价值供我国人民分享，也供世界人民共享。越是具有民族特色的民俗旅游项目越能吸引国外游客前来参观、体验。在一定地域或一定范围内，单个的特色不明显且知名度不高的民俗体育项目将很难达到可持续性发展的状态。因此，跨区域、跨景区挖掘整理多项民俗体育项目、开发多条路线、打造多种功能的旅游观赏游玩景区，做大做强旅游事业，已是民俗体育旅游业发展的最佳选择。

民俗体育旅游景区依托多样化的特色资源展示本土的优势项目，让游客在观赏自然界秀丽美景的同时，参与民俗活动项目，在情景交融中获得"回归自然，融入文化"的效果，这也是民俗体育旅游事业拥有广阔市场前景的原因所在。在旅游业蓬勃发展的背景下，民俗体育旅游业扩大发展格局，建立区域景区联合开发模式，消除地方壁垒；建立"资源共享、市场共享"联合发展的理念，以开放、包容的态度，迎接四方宾客；发展区域经济，切实提高民俗体育旅游产业的竞争力，是民俗体育旅游事业发展的现实路径。

4. 打造区域旅游景区专题品牌

在中国制造业蓬勃发展的背景下，品牌价值是企业在市场上能否获得竞争优势的重要因素。各行各业都注重对品牌的塑造，积极推进品牌战略、提升

品牌价值已成为行业谋求可持续发展的关键。对旅游业来说，打造专题品牌同样是旅游业管理、营销、提升核心竞争力的关键。打造民俗体育旅游专题产品品牌，是旅游景区产品形象策划、创新发展的重要环节。成功打造富有创意的新产品是景区获取差别利润与生存价值的重要保障，是景区向外宣传的形象代表，符合商品市场发展的大趋向。如1987年山东泰安推出的"泰山国际登山节"，集休闲观光、登山健身与旅游于一体，成功地将"泰山国际登山节"与当地的旅游资源进行了有效的整合。目前，"泰山国际登山节"已经成为具有国际性、参与性、旅游性、经贸性和市场性的国际体育旅游产业的知名品牌，每年都吸引了众多的国内外游客前来游览。区域旅游景区专题品牌能增强民俗体育旅游产业在发展初期的竞争力，利于景区开拓市场；能宣传独特的开发、运营理念，使景区具有无可替代的景观优势游客体验项目，从而得到消费者的认可；能使景区在市场层级中获得品牌资产累积的效果。

第二节 民俗体育课程资源的开发

一、课程资源概念

传统教育的弊端、信息时代教育的变革、学生对核心素养培养的需求等因素使得课程改革不断向前推进。由此引发的对课程资源的研究与开发是教育界、教育工作者必然要面临的现实而又重大的问题。目前，关于课程资源概念的界定，不同的专家、学者从不同角度提出了不同的观点：顾明远先生在其编著的《教育大词典》中提出了与课程资源相类似的一个概念，即教育资源，他认为，教育资源是"教育过程中所占用、使用和消耗的人力、物力和财力的总和"；徐继存等认为，课程资源是课程设计、实施和评价等整个课程编制过程中可利用的一切人力、物力以及自然资源的总和，包括教材以及学校、家庭和社会中所有有助于提高学生素质的各种资源，课程资源既是知识、信息和经验的载体，也是课程实施的媒介；吴刚平认为，课程资源是指供给课程活动、满足课程活动需要的一切，它包括构成课程目标内容的来源和保障课程活动进行的设备和材料，即所谓的"素材性课程资源和条件性课程资源"。我国的《基础教育课程改革纲要（试行）》把课程资源分为校内课程资源、校外课程资源和信息化课程资源三类。综上所述，课程资源涵盖课程要素的来源、实施课程的必要而直接的条件。

关于课程资源的分类有很多，本研究采用的是我国《基础教育课程改革纲要（试行）》中课程资源的三类分类标准：信息化课程资源是推动课程改革教学方式方法不断创新的动力源泉；校内课程资源是课程建设与发展的中坚力量，包括教科书、教师、学生，师生本身不同的经历、生活经验、学习方式、教学策略，校内各种专用教室和校内的各种活动等人力、物力、财力资源；校外课程资源外延更广泛，主要包括校外图书馆、科技馆、博物馆、乡土资源、家庭资源等，自然资源更是民俗体育课程资源开发中的宝贵财富。

二、民俗体育课程资源的构成

基于国内的专家学者对课程资源概念的界定，结合民俗体育的民间性、民俗性、全民性、健身娱乐性等特征以及学校课程资源开发和使用的便利性，本次研究把民俗体育课程资源归纳为五类：自然资源、人力资源、项目资源、设施资源、信息资源。自然资源主要包括地形、地貌、地势、气候、二十四节气等；人力资源主要指教师、学生、学校管理人员、教辅人员、民间艺人、社区指导员等；项目资源指在群众中广泛开展的各类民俗体育项目；设施资源包括校内外民俗体育运动的场地、器材、道具、装饰品等；信息资源主要指多媒体化、网络化、交互化的以网络技术为载体开发的校内外资源。在信息化技术运用的背景下，"传统+创新"的资源开发模式将不断产生新的课程资源素材，继续丰富、充实民俗体育课程资源的内容体系。

三、民俗体育课程资源开发的现实意义

1. 新世纪教育改革与发展、课程改革与发展的需要

国家高度重视新世纪人才的培养工作，国务院、教育部先后颁布关于教育改革与发展、课程改革与发展的文件：1999年，中共中央、国务院颁布《关于深化教育改革全面推进素质教育的决定》；2001年，国务院颁发《关于基础教育改革与发展的决定》。这两个文件都强调"实行国家、地方、学校三级课程管理，增强课程对地方、学校及学生的适应性"，即各地要在达到国家规定课程的基本要求下，规划、开发并管理好地方课程，发展好学校课程。

民俗体育课程资源是典型的地方课程资源类型。对民俗体育课程资源进

行开发，并将民俗体育课程资源纳入学校课程资源的管理体系中，是贯彻落实文件精神的直接体现，也是民俗体育课程资源现代化发展的必然趋势和有效途径。民俗体育通过学校教育进行传承和传播，能够补充国家规定的课程和学校课程的不足，丰富和充实学校的民俗体育课程资源，有利于"增强课程对地方学校及学生的适应性"，是对学生进行传统教育的具体方式之一。

我国各级各类学校应该及时抓住教育改革与发展、课程改革与发展的机遇，把握"国家、地方、学校三级课程管理"的机会，大力开发包括民俗体育资源在内的地方特色课程资源，丰富通识课程教学资源。开发、实施民俗体育课程资源，把民俗体育课程资源融入学校的体育教学中，能够增加体育教学的娱乐性、趣味性、健身功能，让学生走进民俗体育。学生在了解、学习、掌握一定的民俗体育内容的过程中，能够切身感受到本地域的民俗、民风、民情，利于学生形成正确的传统文化意识，认识到我国地域文化、传统文化发展存在的困境和面临的机遇，从而以身作则，自觉对传统文化进行传承、保护。同时，在外界环境发生变化时，努力创造机会、把握机遇，在文化发展的交流和冲突中，积极维护我国优秀传统文化发展的良好环境。总之，将民俗体育纳入地方课程资源，在学校教育中进行普及并形成规模，能有效推进学生的素质教育和推动体育课改的顺利进行，实现"国家、地方、学校三级课程"协同发展局面。

2. 开拓民俗多元文化教育的渠道

多元文化是指在人类社会越来越复杂、信息流通越来越发达的情况下，文化的更新转型也日益加快，各种文化的发展均面临着不同的机遇和挑战，新的文化也层出不穷。我们在现代复杂的社会结构下，必然需求各种不同类型的文化服务于社会的发展。这些文化服务于社会的发展，造就了文化的多元化，也就是复杂社会背景下的多元文化。

中国自古是一个多部落、多民族的国家，尤以汉民族为主，形成以汉文化为主流文化、其他少数民族文化为"亚文化"的多元文化共存的局面。现在，西方文化又以主流文化的姿态影响着各国文化的发展，在文化全球化的背景下，中国多元文化的发展将面临更多的竞争与挑战。因此，保护与发展我国民族文化的多样性，是我国教育发展的重要课题。在全球一体化和文化多元化的冲突与和谐的关系面前，"国家一体化"与"民族文化多元化"的冲突与和谐的关系问题，是我国和其他多民族国家发展过程中面临的共同挑战。

我国的民俗体育文化是各个历史时代下特定的产物，是农耕时代的主流文化之一，与农耕社会生产、生活变迁相一致，也与政治、经济、教育、宗教、家庭、婚姻等关系紧密相关。今天，受全球一体化、美国等西方国家主流文化的影响，我国的民俗传统文化呈现发展缓慢之势，越来越多的专家、学者意识到拯救、保护和发扬我国传统文化，传承和弘扬我国民间丰富多彩的民俗体育文化的重要性，他们针对我国传统文化的现状提出了一些挽救措施。

笔者作为一位从事多年教育事业的教育者，极力提倡在各级学校推广和传播民俗体育文化，这是传承和发扬我国民族文化、民俗文化的重要渠道，也是保护和发展我国多元文化的重要渠道。全国各地的学校是年轻一代成长的摇篮，是进行文化传授和推动文化发展与传播的中坚力量，也是促进文化繁荣与昌盛的重要阵地。学生在学校接受教育的时期，是现代文化、民族文化、民俗文化等多元文化在学生的成长中形成文化观念、价值观念、生活观念的关键时期，有利于学生塑造传统朴素的品性。学校的文化教育是青少年学生成长成才的内在需要。把民俗体育文化纳入学校文化教育内容体系中，可拓宽学生的文化视野，帮助学生了解年画、皮影剪纸等经典民间民俗文化艺术以及宗教祭祀、信仰等与民众的生产、生活、风尚习俗有关的多种民俗事项。

3. 民俗体育课程资源开发能推动民俗体育的健康发展

2010年7月29日，《国家中长期教育改革和发展规划纲要（2010—2020年）》正式发布。新课程标准明确指出，积极利用和开发课程资源是顺利实施课程的重要组成部分，因地制宜地开发利用各种课程资源，可以发挥课程资源应有的教育优势，体现课程的弹性和地方特点。在此标准的指导下，我国各地的大、中、小学校立即行动起来，积极开发具有地域特色、地方特色的课程资源。

民俗体育因其具有地方特色、民间民俗性、丰富多样性成为课程资源开发的重点之一。要将民俗体育课程资源进行开发并将其引入学校的体育教育之中，首先，要对当地的民俗体育项目进行挖掘、整理、认识、了解资源的全貌；其次，要根据学校具体的人力、物力、财力等情况，对民俗体育项目进行选择、编写，以便于课程资源的顺利实施；最后，针对实践中遇到的情况，进行思考、调研，重新调整实施方案，达到资源利用的最优化。把民俗体育纳入学校体育教育中，通过体育课堂教学、课外体育活动、特色项目社团活动、学校体育竞赛、校园体育文化节等多种途径，把民俗体育课程传授给学生，能改变学生对民俗体育的陌生状态。对民俗体育项目的传承与发展来说，这无疑也是一股无形的推动力量。在我国广大农村地区，师资力量、基础设施等条件相对都比较差，因地制宜地开发具有地方特色的民俗体育项目是农村地区学校体育校本课程建设的重要策略，是农村地区体育教育可持续发展的有效途径，对改善农村地区的体育教学效果，提高农村体育的教学质量有着重要作用。

民俗体育课程资源的开发在客观上与当代社会发展、教育发展相适应，与现代文明发展相协调，既保持着浓郁的民族特色，又体现着新时代的气质。在学校开展民俗体育教学，不仅让学生提高了身体素质，也弘扬了我国的民俗文化。一批批年轻人在接受民族文化的熏陶的同时，树立起民族自信心和自豪感，这对增强民族凝聚力起到了特殊的推动作用。民俗体育可以走入学校，当然也可以走入家庭。民俗体育通过家庭体育的方式，实现了民俗体育"从群众中来，到群众中去"服务群众健身娱乐的目的，使各项民俗体育项目再次进入人们的日常生活中，繁荣和发展我国的民俗体育事业。因此，从宏观角度看，民俗体育课程资源的开发架起了社会体育、学校体育、家庭体育的协同发展的桥梁，壮大了民俗体育传承、发展的规模，推动了民俗体育的健康发展。

4. 民俗体育引进课堂有利于体育课程目标的达成

体育课程目标体系包括运动参与、运动技能、身体健康、心理健康和社会适应五个目标领域，其总体目标是增强体质、增进健康、提高体育素养，在培养学生运动兴趣和健康理念的基础上，提高学生的实践运动能力，强调通过情绪体验发展个性。体育课程目标是通过体育课堂教学的实践行为实现的，把民俗体育项目引入课堂教学，能够加快体育课程目标的实现。第一，民俗体育内容丰富、多样，活动形式灵活多变，趣味性、娱乐性较强，很多项目虽然难度不大，但运动强度不小，能吸引学生积极参与其中，实现体育课程的运动参与目标。第二，每一项民俗体育项目都有基本的知识和理论体系，学生通过学习了解其文化内涵，对于构建学生的知识体系和拓展知识面很有帮助，这也是学习、掌握运动技能的前提条件，在知识、技能的传授中实现学生的知识类目标、技能类目标。第三，民俗体育具有较高的美育功能，其审美价值主要体现在内容美、形式美、氛围美、和谐美等方面。人们在参加或观赏民俗体育活动时，不仅能获得视觉美的享受，还能获得动作力度美、幅度美、造型美等美的体验。民俗体育活动这些富有情趣的声、形、色、象诸要素结合起来就构成了其独特的审美价值。学生经过长时间的练习，既能塑造美的气质，又能在优美的舞姿、乐曲声中获得运动的快感和良好的审美体验，从而实现体育教育的审美目标。体育教育的最终目的是培养学生坚持锻炼的习惯，仅仅依靠课堂教学时间，学生的终身体育观念是难以形成的，所以必须利用课余时间加强技术、技能的学习与运用。民俗体育有些项目能培养学生勇猛、果敢、坚毅的素质与品质，如踩高跷能锻炼学生强健的体魄。有些项目如花鼓舞、采茶舞能带给学生欢快、愉悦的运动体验，改善学生的心理状态，使他们克服心理障碍，养成积极乐观的生活态度，享受运动的乐趣。还有一些团体性民俗体育项目，如舞龙，需要团队成员之间默契合作才能完成表演，这对培养学生良好的体育道德品质和合作精神、促进学生个性发展、规范学生的社会行为都有重要作用。这些运动不仅能使学生养成良好的行为习惯、形成健康的生活方式，还能提高学生的综合能力和社会适应能力，从而实现学校体育课程的目标体系。

5. 民俗体育资源开发是新时期民俗体育创新发展的内在需要

当代社会的快速发展、社会结构的变化、社会流动性增强等特征改变了传统农业社会人们以血缘关系、地缘关系而结合在一起的社会关系。原生态的自然资源在不断萎缩，导致很多民俗体育项目生存空间越来越小，对广大民众日常生活的影响日渐减弱，很多项目出现边缘化发展态势甚至面临灭绝的危机。如何加强对民俗体育及其文化的保护，让民俗体育及其文化得到有效传承与创新发展，永葆我国民俗体育及其文化的活力，是我国民俗体育在现代化、全球化背景下亟待解决的难题。民俗体育课程资源的开发，调集各地区、各所学校的人力资源，对本地区的民俗体育项目进行挖掘、整理并引入学校教育之中，让民俗体育走上科学化、规范化、普及化之路，让学生通过正规的教育形式，参与民俗体育的学习与锻炼，达到民俗体育逐渐与现代体育并行发展的目的。舞龙项目本是民间广泛开展的民俗项目，现在已经被广泛引进入中专院校的体育课教学中，与篮球、排球、足球等体育项目一样在学校开展起来。学校培养了大批民俗体育的传承人，民俗体育再次呈现出强劲的发展态势。现今，舞龙运动经过完善与规范化发展，已进入世界竞技体育赛场，成为世界性的比赛项目，引起全世界的关注，民俗体育已迈出国门，走向国际化发展的成功之路。可见，民俗体育走进学校，是民俗体育创新发展的路径之一。

目前，我国的民族音乐、民族舞蹈、中国画、中草药已经成功走出国门。我国在世界艺术、药业领域的地位越来越重要。我国劳动人民在劳动、生活中创造的民俗体育是物质文化、精神文化的凝练，也应该走出国门，走向世界，向全世界展示我国的文化特色与底蕴，显示我国民族文化的自强与自信。

民俗体育课程资源的开发通过学校教育等正规化教育途径，不仅可以培养优秀的民俗体育后备人才，还可以遴选出热爱我国民俗体育事业的杰出人才。这对繁荣、发展民俗体育事业，推动民俗体育事业走向世界前列，对民俗体育与各项体育项目的和谐发展都极为有利。因此，民俗体育课程资源的开发对传承和弘扬中华民族的优秀文化具有深远的意义，更是新时期民俗体育创新发展的内在需要。

四、民俗体育课程在部分省份开展的现状调查

教育部颁布的《义务教育体育与健康课程标准》明确指出，积极利用和开发课程资源是顺利实施课程的重要组成部分，因地制宜地开发利用各种课程资源，可以发挥课程资源应有的教育优势，体现课程的弹性和地方特点。各地方最丰富、最具特色、可供开发的体育资源就是各地的民俗体育资源，因此，在新一轮的课程改革中，民俗体育课程资源被列为重点资源而得以开发、利用。

关于民俗体育课程资源的开发状况，很多教育者、研究人员进行了实证调查。据韩永红对安徽省民俗体育开展情况的调查：目前安徽省省内的学校中开展的民俗体育项目主要集中在武术、舞龙、舞狮、中国式摔跤、毽球、滚铁环、民族舞蹈、秧歌、空竹等项目。对安徽省中学生参加民俗体育项目的基本情况的调查分析得出以下结果：82%以上的学生会荡秋千、跳绳、拔河、扔沙包项目；65%以上的同学会放风筝、踢毽子、跳皮筋项目。此外，韩永红对安徽省中学生参与民俗体育的频率情况也进行了调查：在跳绳项目上，33%的学生能经常参加，59.5%的学生偶尔参加；在踢毽子项目上，31.6%的学生能经常参加，53.6%的学生偶尔参加。从以上数据可以看出，当前安徽省中学生参加频率比较高的民俗体育项目是跳绳、踢毽子等。

李红梅对福建省中学生参加民俗体育活动的情况进行调查后得出：福建省大多数中学生比较喜欢民俗体育，但并不经常参加民俗体育活动。大部分学生只是偶尔利用课外体育活动时间和节假日参加一些民俗体育活动，他们很少能在正规的体育课上参加民俗体育活动。学生对民俗体育的认识还处于一种原始的初级阶段。在学生心目中，民俗体育不外乎一些非正式的游戏而已，不能与现代体育中的篮球、排球、足球等项目相提并论。大多数学生参与民俗体育活动时只是自己玩。学校在民俗体育场方面投入的经费也屈指可数，很多学校根本就没有民俗体育场地设施。对福建省民俗体育项目的调查表明，福建省的中学普遍开展的民俗体育项目是踢毽子、拔河、象棋、围棋、跳绳、跳橡皮筋、跳竹竿、老鹰抓小鸡、捉迷藏、民族舞蹈等。有一部分学校开展了放风筝、荡秋千、腰鼓、游泳、扔沙包、毽球、扇子舞、秧歌、登高踏青等项目，少数学

校开展了扯铃、溜旱冰、打陀螺、跳房跳鼓阵、丢花包等民俗体育项目，绝大多数学校开展了踢毽子、拔河、跳绳、游泳、象棋等民俗体育项目。在高校，民俗体育课程资源的开发同样得到了高度重视。2002年，《全国普通高等学校体育课程教学指导纲要》中明确指出体育课程教材应体现健身性、文化性、选择性、实效性、科学性、可接受性，同时还要体现时代性、发展性、民族性和中国特色，因时、因地制宜地开发和利用各种课程资源是课程建设的重要途径。

为丰富高校体育的教学内容，增强高校体育的趣味性，体现高校体育内容的民族性和地方特色，各高校纷纷开展体育课程资源开发工程，民俗体育课程资源顺其自然地进入课程改革行列。李竹丽于2008年从人力资源、项目资源、设施资源和信息资源四个方面对陕西省普通高校民俗体育课程资源的开发现状进行了调查研究，结果表明：37所普通本科高校中只有4所开设了民俗体育课程，所占比例为10.8%，其中，大多数民俗体育只存在于体育课准备活动或课余活动中，对民俗体育课程资源的开发还非常薄弱。陕西省普通高校体育教师对民俗体育健身价值的认识是：25.8%的体育教师认为"非常有价值"，66.1%的体育教师认为"有价值"，高校体育教师对民俗体育的健身价值给予了高度的肯定。对于教师的教学能力，有41.9%的体育教师认为自己能胜任民俗体育课教学。陕西省37所普通（本科）高校中以体育课程的形式开设的民俗体育项目有舞龙、舞狮、腰鼓、秧歌4个项目，开设了这些项目的学校有4所。在课外体育活动中开展的有跳绳、踢毽子、拔河、跳橡皮筋、扇子舞、围棋、象棋、花样跳绳、钓鱼、徒步走、登高等民俗体育项目。开展的民俗体育竞赛活动内容有舞龙、舞狮、花样跳绳、拔河等。学校社团组织有舞龙俱乐部和安塞腰鼓俱乐部。从总体上来看，陕西省普通高校民俗体育活动的开展还是非常薄弱的。陕西省普通高校场地紧缺，民俗体育教学、民俗体育活动、民俗体育竞赛等活动的开展都比较充分地利用了现有的场地设施条件，普通高校民俗体育信息资源存在的形式比较单调，体育教师利用信息资源的途径简单，且存在大量资源浪费的现象。

五、民俗体育课程资源开发的原则

原则是行事所依据的准则。对于学校教育的课程来说，在教育目标已经确定的情况下，课程资源开发的目的必须符合课程教育目标，民俗体育课程资源的开发也要在既定的目标准则下进行规范开发。民俗体育课程资源的开发应遵循教育性原则、因地制宜原则、兴趣性原则、实践性原则、共享性原则五个原则。

1. 教育性原则

民俗体育课程资源的开发是在我国教育改革的大背景下践行改革的实际行动，符合国家教育政策，以丰富、多样的地方课程资源培养全面发展的人才为导向。因此，培养人才的课程资源首先要符合教育性原则，才能确保学生树立正确的世界观、人生观、价值观、道德观。民俗体育课程的教育性体现在以"健康第一"为指导思想，以身体素质教育为基本途径，要在传授给学生体育知识技能的基础上，让学生体验到地方民风民俗的淳朴与亲切感，使学生在民俗体育活动中享受生活的乐趣。通过民俗体育项目教学，培养学生的爱国爱家情怀，让学生热爱我国的传统文化，弘扬我国的传统文化。

2. 因地制宜原则

民俗体育的地域性、民俗性、民族性是其固有的特色，"十里不同风，百里不同俗"是我国民风民俗多样性的真实写照。我国民族众多，地域辽阔，地形复杂，气候多样，因而形成了各具特色的民俗体育项目，其活动内容和形式也存在很大差异，如水上项目与骑射项目就是在我国南北方存在明显差异的活动形式。在特殊的气候环境、地理环境下开发民俗体育项目，因地制宜原则是首先必须遵从的原则，才能实现开发的项目具有可行性、实用性，才具有推广价值。所以我国民俗体育资源的开发和利用不应千篇一律，而应依据客观现实，从实际出发，发挥地域优势，利用地域优势资源，发挥课程资源的实效性，才能达到培养人才、开拓课程资源的目的。

3. 兴趣性原则

兴趣是最好的老师，运动兴趣是激发学生运动热情、保持运动行为的内在动力，也是影响学生自主学习和坚持体育锻炼的重要因素。民俗体育本身娱乐性较强，有很好的群众基础。应该注意的是，要把民俗体育引入正规化的课堂教学中，其娱乐性应以高雅的娱乐为主。因此，对那些源于祭祀、娱神的项目，要进行甄别、取舍，选择内容健康、生活气息浓厚的民俗体育项目进行教学，让学生感受民间活动浓厚情感的同时，集中精力去获得知识和技能，发展个人兴趣，再通过集体性合作，发展社会兴趣。兴趣是一种无形的动力，民俗体育课程资源要想获得可持续开发就必须坚持兴趣性原则。

4. 实践性原则

实践性是马克思主义哲学最重要的特点和理论品质，在整个马克思主义哲学体系中，实践是贯穿始终的一条中心主线。在具体的教育教学中，实践教学是实现能力教育的一个重要支撑点，实践为学生提供了认知对象。学生通过民俗体育实践教学环节，认识到民俗体育的内容、形式、内涵意义，认识到民俗体育对我国社会的生产、生活发展的促进作用，认识到民俗体育在人与人、人与自然、人与社会和谐发展中的实质和关键作用。因此，在民俗体育课程的开发过程中坚持实践性原则，可培养学生认识客观世界的能力。

5. 共享性原则

"共享"是当今社会的流行语，是经济领域的核心理念，"共享"强调物品的使用权而非所有权。在教育领域，学生通过网络在线上线下分享知识，网络已是获取知识的常规渠道。在民俗体育课程资源开发领域，需要开发的内容很多，工作量大且细节烦琐，单凭个人、个别学校的努力很难达到理想效果，"共享"方式的运用显示出资源开发者的集体智慧与威力。各地方的特色资源的开发只是其中一项或少部分，但成功开发的资源只要通过网络平台、区域间交流、校际交流等形式，相互学习，取长补短，就形成了丰富的教学资源。然后由一些民俗体育教育者、爱好者整理成册，民俗体育教科书就成形了。通过共享，因师资不足而开展民俗体育难的困境得到了缓解，民俗体育课程资源开发的重复性、盲目性以及由此带来的不必要的浪费也减少了。因此，民俗体育课程资源的开发坚持共享性原则，对民俗体育课程的建设、教学、科研等各方面都有较大的促进作用，对学生学习效率的提高和社会的发展等方面也有较大的带动作用。

六、民俗体育课程资源开发的策略

1. 按事物发展规律逐步把民俗体育纳入学校的体育教育中

目前，在我国教育改革的大背景下，民俗体育因其自身的优越性已被引入学校的体育教育之中，但想普及开展依然存在很多现实困难，在人力、物力、财力等方面均不尽如人意。事物的发展有一个过程，一切事物都只有经过一定的过程才能实现自身的稳定发展。从事物发展的三阶段规律（初级阶段、发展

阶段、发展高级阶段）来看，我国目前的民俗体育进入课堂教学内容体系仍属于教育改革的初级阶段，是各种民俗体育课程要素从整合到形成相对稳定的发展状态的时期。不稳定、不确定的因素依然有很多，需要教育者坚定改革的信念不动摇，继续开发课程资源，在实践中不断运用、修改和完善。

民俗体育已进入学校教育并步入常态化发展，这是体育课程建设、发展的必然趋势，但仍需政府学校、民间组织多方投入资金，继续完善教学条件，培养民俗体育教育人才，坚决执行相关措施。只有这样，民俗、体育课程各要素才能达到协同开展的良好状态，民俗体育课堂教学才能逐渐稳定下来。要想实现这一目标，教育者要坚持改革的决心不动摇，不畏困难，继续发挥"摸着石头过河"的决心和勇气，将课程改革推向深入。民俗体育纳入学校教育的发展高级阶段（发达阶段），是各要素高度协同、稳健快速的发展时期，是教育改革、体育课程资源开发的终极目标。面对这一美好愿望，教育改革的任务重、困难多，我们要有必胜的信念，坚持把民俗体育纳入学校体育教育之中的改革行动不动摇。要借鉴世界各地以学校为媒介成功完成民族传统传承的经验，使我国民俗体育通过学校教育形式实现民俗体育由原始体育形态走向规范化、科学化、普及化的现代教育形态。我国民俗体育课程资源开发、利用、发展是一个渐进的过程，因此，我们要坚定信念，将课程改革坚持到底。

2. 民俗体育教学内容的选择

要符合活动主体人的身心发展规律，学校是传播体育文化的摇篮，接受体育教育是每个学生的权利和义务。在学生成长的不同阶段，体育教育的目标也不同。学生参与体育活动的目的是获得身心健康，所以选择教学内容时首先要考虑教学对象的实际状况。如年龄、身体发育水平、身体素质、身体素质的邻近发展区，以便教学内容在实施过程中能与学生的身体、精神、心理、体能、技能、意志等方面的发展相吻合，满足学生在体育活动中提高运动能力等素质的愿望。

因此，在中小学阶段，教学内容的选择必须充分考虑中小学生的身心素质及生理机能的差异性，教学内容要符合中小学生的身心发育特点。从生理学角度看，小学生身高、体重、力量、耐力、爆发力等身体素质指标普遍不如中学生。因此，运动量大、运动强度高的项目不适合在小学生中开展，如舞龙、舞狮等传统项目。小学生应选择简单易学，娱乐性较强的低难度的民俗体育项目，如丢沙包、跳方格、打陀螺、滚铁环、荡秋千、放风筝、跳绳等。从心理学角度看，小学生较之中学生更好动、更好学，也更善于模仿，所以在小学阶段民俗体育教学内容应选择游戏类的项目。中学生身心发育水平已接近成年人，更倾向于竞技性强、新兴的体育运动项目。可以因地制宜地选择滑冰、滑雪、水上运动、爬山、越野等项目，满足学生的好奇心、探险欲，激发他们的运动热情，加强运动的体验感。因此，民俗体育教学内容的选择应注意科学性。

3. 多元化、多途径解决民俗体育师资供求矛盾

教育部在1998年7月颁布的本科教育计划大纲中规定，民族传统体育专业是新设立的本科教育专业，为体育学的二级学科，并设有三个教育方向，即武术、传统养生体育、民间民俗体育。其培养目标是"培养德智体全面发展的，具备民族传统体育教学、训练、科研、健康指导基本知识与技能的，能从事武术、传统养生体育以及民间民俗体育工作的专门人才"。在国家政策的指导下，一些院校开设了民族传统体育专业，据《京华时报》2004年4月30日报道，国内首个舞龙、舞狮专业人员培训基地正式落户北京体育大学，今后，作为中国传统民俗体育运动的舞龙、舞狮将成为该校武术学生的必修课，学校将为龙狮运动培养专门的裁判员和教练员。个别省份的师范学院也开设了民族传统体育专业。要想民俗体育全面进入学校教育体系，光有体育院系培养的人才是远远不够的，本科院校培养的民族传统体育专业人才直接到农村地区从事教育事业的寥寥无几，广大农村地区的学校急需这类人才。

教师是最有价值的课程资源，一定程度上决定着课程资源的开发程度。民俗体育师资的供求矛盾是普遍存在的，也是民俗体育教育发展中突出的制约因素。因此，我们有必要建立现有体育教师的再教育培训机制，不仅要从数量上扩大教师队伍，而且要在质量上提升教师的能力，使他们在教育实践中具有民俗体育的知识和技能。培训机制要灵活，方式要多元化，可以采用"请进来""送出去""内部交流""区域间交流"等多种方式。例如，可采用进修、短期培训班、学术会议、集体研讨、备课、说课、观摩会、专家报告和讲座等多种形式进行，使培养的教师在民俗体育的教学上游刃有余，使民俗体育教育走上常规化、可持续发展的道路。

4. 编写民俗体育教材以便推广民俗体育教育成果

教材又称课本，是依据课程标准编制的，系统反映学科内容的教学用书，是教学内容的重要载体，是学生学习知识的基本依据。民俗体育现在处于引入课堂教学的初始阶段，各学校因地制宜地选择部分适宜的项目，根据自身条件设计可行的大纲进行教学。有的项目可被不同的学校采纳为教学内容，如安塞

腰鼓，已被陕西科技大学长安大学开发为教学项目，这两所大学按照自己的设计编写了各自的教学大纲。学校在注重开发灵活性的同时也要注意重复研究、人力资源浪费、信息不流通的弊端，不符合信息时代知识快速传播的特性。因此，已开发成功的民俗体育项目资源应该编写成教材，把教材快速推广到各所学校，实现正规化教学。对于正在开发的民俗体育项目，这是教材编写的重点部分，工作量大，任务艰巨，开展的难度也相当大。教育部门应重视此事，组织各校体育部门商讨、研究相关事宜，分解、落实教材撰写任务，再由学校组织一批体育教师、传统体育专家进行田间调研、拜访民间艺人、收集素材等工作，然后进行适当改编，要妥善处理思想性与科学性、知识和技能的广度与深度、原始特色与现代竞技元素和谐融合的关系，才能编写出具有民俗特色、地域特色、现代韵味的民俗体育教材。民俗体育教材编写成功不仅能够促进教育改革的深入开展，壮大民俗体育教学的实力，各级各类学校还可以共享教材带给教学的公平机遇，解决师资力量落后学校的教学困境。因此，民俗体育教材的编写势在必行，此举不仅能稳固民俗体育在学校教育中的地位，而且有利于培养具有家国情怀的新时代人才。

第三节 民俗体育与全民健身

谈及全民健身，大家一定倍感亲切，因为无论是街头巷尾还是公园、广场，到处都可见到不同年龄的人在健身。健身已成为城乡居民特别是城市中老年人生活内容的一部分，是他们享受晚年岁月的健康生活方式。全民健身在我国普及的过程中，受到国家的高度重视。《中共中央 国务院关于推进社会主义新农村建设的若干意见》和《中华人民共和国国民经济和社会发展第十一个五年规划纲要》明确提出，要"推动实施农民体育健身工程"。为落实好这项任务，国家发改委与国家体育总局确定河南、江西、湖北、广西、重庆、陕西、山东、浙江8个省（区）作为农民健身工程试点地区，并将2006年定为农民体育健身工程实施的试点年。这些是将全民健身行动落到实处，是真正推动群众体育工作发展的创新之举。2009年8月30日，国务院第560号令《全民健身条例》正式颁布，并从当年的10月1日起实施。它是我国第一部关于全民健身的工作条例，标志着我国群众体育工作迈进法制化道路。现在，每年8月8日为"全民健身日"，让健身人群感到健身活动与传统节日同样重要，人的全面发展与社会的和谐发展也同样重要。人只有全面、健康发展，才能实现美好生活愿景，实现安康长寿的目的。

在广大民众广泛开展全民健身活动的过程中,民俗体育向来以融入民众生活、作为民众日常生活的一部分、满足人们的多种需求而获得广大民众的青睐。民俗体育具有地方习俗性、集体性、娱乐性、健身性、多样性等特征,符合该地区多数人的信仰、风尚习俗、观念情趣、运动习惯和生活方式,常常被人们作为日常健身活动项目。风土味浓厚的民俗运动项目能唤起人们内心的家乡情结,家乡意识向来在人们的心里根深蒂固。在健身设施尚不完善的地区,民俗体育项目以秧歌、舞蹈、腰鼓、广场舞等多种形式成为人们健身、休闲、娱乐、改善自我的方式,这些项目也成为人们"以人为本"发展健身运动的载体,是实现全民"强身健体"目标的路径之一。

在重大节日、纪念日和庆典活动中,人们穿着盛装敲锣打鼓,表演着在当地具有代表性的各种民俗传统项目。例如,舞龙、舞狮、划龙舟、踩高跷、耍花灯、祭拜祖庙,这些民俗传统项目把具有不同人生观、价值观、审美观、意识形态、心理状态和兴趣爱好的人聚集起来,向他们展示充满活力的精彩表演,让人们享受生活、享受快乐、享受情感、分享喜悦,传达给人们"生命健康"的重要意义。

民俗体育一直以体育活动为形式和内容,为民间大众服务,其服务宗旨与全民健身的服务宗旨完全一致。以人的健康为出发点和归宿,其目的是提高人们的身心健康、生活质量,满足人们对美好生活的愿望。因此,在推进我国全民健身运动的过程中,要充分挖掘、整理民间喜闻乐见的生产生活气息浓厚的民俗体育项目,带动更多人把健身活动引入生活中并形成锻炼习惯,让人们在休闲快乐的民俗活动中分享身边那些民风民情、生活趣事,在健身心得的交流中拉近感情,使呼朋引伴结成锻炼小团体。如此,可逐渐养成健康、文明、快乐的生活方式,达到"增强体质,增进健康,提高生活质量"的目的,进而落实全民健身战略,实现"健康中国"的宏伟目标。

第四节 新农村发展中民俗体育资源开发

一、新农村发展中民俗体育资源开发现状

改革开放后,在强农、惠农、富农政策的强烈倡导下,农村在经济收入、

居住条件、道路交通、文娱生活等方面发生了翻天覆地的变化。由于国家对"三农"问题的高度关注，农民的经济收入、身心健康、农村体育事业的发展随即引起学界更多的关注。几千年来一直深深植根于农村的民俗体育是世世代代的农民赖以生存和发展的精神文化基础，是长期在实践中形成并积淀下来的地方性、乡土性的生活与运动文化，自然成为新农村体育事业建设的组成部分，成为农民健身、休闲娱乐的组成部分。

新时代农民的健康水平如何提高？民俗体育资源在新的健身活动中、经济建设中是否发挥了应有的作用？这些问题的答案取决于民俗体育资源的开发程度。一些学者分别从影响、制约民俗体育发展的各种主客观因素入手，如国家相关政策，民俗体育在当代的价值，农村群众对民俗体育的认识态度，民俗体育的传承状况，分析现在民俗体育发展面临的机遇和挑战。再通过田野调查、实证研究、定性与定量相结合等研究方法，在理论研究、现状研究的基础上，提出相关发展策略或民俗体育的开发模式。

由于我国新农村地域范围非常广，较难进行细致入微的观察和深入研究，因此，只能对当代新农村的民俗体育资源的保存状况、开发状况进行较客观的描述。例如，现存资源依然丰富，但只有少数地域特征较明显的项目得到创新、开发，发展势头良好，且经济效益明显，健身特色也浓厚。多数项目呈边缘化发展态势，部分项目濒临或已经消失，存在民俗体育资源的资金人力、物力等各方面都相对比较匮乏，管理机构不健全，职责不明确等现实状况。多样的生产民俗、岁时民俗、精神民俗如何有效地渗透新农村的日常生活中，再次激发农村居民对乡土气息浓郁的民俗体育的依恋之情及对本地域民俗体育项目的喜爱之情，这是民俗体育资源开发与利用的艰巨任务。

二、新农村发展中民俗体育资源开发的必要性

开展新农村建设是我国政府统筹城乡发展、发展农村经济、缩小城乡差别、构建和谐社会的必然选择。"三农"（农业、农村、农民）问题是我国这个农业大国生存与发展的根本，是新农村建设发展中最关键的基础要素。"三农"问题的妥善解决对农村的长远发展具有现实的决定意义，党和政府一贯高度重视。农村人口占我国总人口的56%，因此，构建和谐农村对构建社会主义和谐社会具有重要的战略作用。在新农村的建设中，农村居民的素质全面提高是实现现代化目标之信心和决心的表现。民俗体育源于人们日常的生产、生活，与人们的生活息息相关。所以，开发民俗体育资源对提高农村居民的全面

素质，以及对新农村的系统化发展和长远发展都有明显的优势。

1. 新农村民俗体育文化建设是我国和谐文化建设的组成部分

世界的和谐、社会的和谐是爱好和平的人们的追求。用和谐文化培养人，是实现共建共享和谐世界、和谐社会的关键。和谐文化是以和谐的内涵为理论基础的文化体系。它融思想观念、理想信仰、社会风尚、行为规范、价值取向为一体。关注人与自我、人与人、人与社会、人与自然之间的和谐相处，包含着对和谐社会的总体认识和评价，是当今世界最先进的思想文化，是创建和谐社会与创建和谐世界的前提条件。我国的和谐社会是涵盖政治、经济、文化、生态等各个领域的全面和谐。"民主法治、公平正义、诚信友爱、充满活力、安定有序、人与自然和谐相处"是社会主义和谐社会的基本特征。因此，社会主义和谐文化建设对社会主义和谐社会的建设极为重要，一方面能有效提高整个社会价值取向的一致性、文化水准的高标准化、精神气质高雅性、生活方式的健康性等；另一方面也能在和谐观念的引导下建立一系列调整利益关系、化解社会矛盾的制度设计和机制规范。

民俗体育文化源于我国民间社会生活实际，是民间的生活文化，与当时的社会发展要求相适应的。民俗体育文化是我国社会经济、文化、历史发展与演变、沉淀的结果，是我国传统文化精华的一部分，深深地烙印在我国民族的性格中。民俗体育文化体现了人们的原始信仰，如崇尚自然、崇拜图腾、遵从节气，体现了"人与自我、人与人、人与社会、人与自然之间的和谐相处"。民俗体育文化在其传承与发展的过程中，以其独特的原生态性、地域特色、风俗习惯、心理趋同等特点，规范着人们的理想信念、道德规范、行动准则，对群体共同体进行教育与自我教育。培养了群体的和谐意识、和谐精神、和谐行为，形成了共同的意识形态和社会规范；增强了群体的凝聚力和认同感，从而共同维护群体的和谐发展。

民俗体育文化作为各民族的精神动力和心理纽带，支撑着各民族薪火相传，是各民族赖以生存和发展的根基和血脉，对人类文明的进步做出了积极的巨大的贡献。因此，新农村的民俗体育文化建设是我国和谐文化建设的重要组成部分，是建设社会主义和谐文化的宝贵资源。今天，我们在建设社会主义和谐文化的过程中，要坚持"以人为本"的原则，需继承和弘扬我国民俗传统文化的和谐思想观念，发挥民俗体育文化内涵中"千姿百态，融合发展"的精神魅力，提高全社会的文明程度，提高社会主义先进文化的整体实力，永葆先进文化的活力。这样才能在和谐文化的引导下，创造出和谐的政治与和谐的经济，才能让和谐文化培养出来的人去自觉地创建和谐的社会主义新农村，去自觉地创建和谐的中国社会与和谐的世界。

2.新农村民俗体育文化建设能加速社会主义精神文明建设进程

今天，我国的社会主义现代化建设是宪法规定的国家根本任务，其本质目标是实现民族的复兴、人民的富裕、国家的强盛。

社会主义精神文明建设又包括思想道德建设和教育科学文化建设，思想建设要解决的是整个民族的精神支柱和精神动力问题，教育科学文化建设要解决整个民族的科学文化素质问题。思想道德建设的基本内容可以归纳为理想建设、道德建设和纪律建设三方面。其中，理想建设是思想道德建设的核心，道德建设是思想道德建设的主体内容，纪律建设是思想道德建设的保证。思想道德建设是精神文明建设的灵魂，决定着精神文明建设的性质和方向。社会主义精神文明建设的根本目标，是在全社会形成统一思想、共同理想凝聚人心、坚定信念，弘扬民族精神和时代精神，从而产生强大的凝聚力和战斗力。我国历史悠久、内涵丰富，在民间生活方式中流传的文化形态——民俗体育文化，在传承、发展的方向上，总是与时代的发展和社会的进步紧密地联系在一起。在不同的社会中不断丰富、传承、更新、融合发展，符合当时社会人们对自然界发展需求的、寄托人们心灵深处的夙愿，表达生活中的各种诉求，满足精神生活需要，为人们提供强大的精神动力。民俗体育文化的原生态性和民间生活文化的基础性赋予民俗体育文化强盛的生命力，使其生生不息、流传至今。民俗体育文化蕴含着人类社会生产、生活的智慧，记载着人类社会各民族的民族发展、民族团结、民族精神的史志，具有极高的社会价值和文化价值。在内涵方面，民俗体育文化与社会主义精神文明内涵保持高度一致，只是外延更倾向于广大农村地区。因此，加强新农村民俗体育文化建设，更能发挥勤劳勇敢的劳动人民的智慧和力量，加速社会主义精神文明建设。

3.新农村民俗体育资源的开发可加速农村地区体育事业的发展

2006年，中央提出了建设社会主义新农村的号召。这是在新的历史背景中，在全新理念指导下的一次农村综合变革的新起点，这极大地促进了农村的发展和建设。为配合社会主义新农村建设，国家体育总局于2006年3月29日宣布将在全国启动"农民体育健身工程"，并要求各级体育部门将实施"农民体育健身工程"作为今后相当长的一个时期内体育工作的一项重要任务。

发展新农村体育事业、繁荣新农村体育文化、提高新农村居民健康水平，关系着我国社会体育事业的发展，以及新农村体育的长远发展、新型农民身心素质的提高。为此，党和政府制定了多项方针政策，以加强对新农村体育的指导和扶持力度。例如，2006年7月，国家体育总局发布的《体育事业"十一五"规划》；2011年2月，国务院正式印发的《全民健身计划（2011—2015年）》；2013年9月，国务院印发的《国务院关于促进健康服务业发展的若干意见》。

在国民经济持续稳步发展、产业结构和居民消费结构不断升级、城乡一体化建设效果越来越显著，城乡居民人均可支配收入持续增长的环境中，新农村体育事业发展的经济环境、政策环境、社会发展环境等外界环境变得越来越好。新农村的巨大发展和变化不仅使农村居民的经济收入明显增加、生活质量明显提高，而且使得人们的生活内容更丰富，人们对健身和健康内涵的理解更加深刻，对休闲生活也有了更高的追求。享受体育文化成为人们日常生活中内在需求的一部分。新农村体育在"以农民为本"思想的指导下，全面科学的统筹发展观得以普及发展。新农村体育广泛关注广大农村居民的身心健康，让农村居民在享有平等的体育权利的基础上，和城镇居民一样切实享有平等的体育服务，实现体育对人类的终极关怀，体现体育在新农村物质文明建设、精神文明建设中所发挥的重要作用。

民俗体育因其生活性、本土性优势，更亲近民间大众的日常生活。民俗体育是民间的健身娱乐活动，是体育的一部分，也是人们在传统节日中广泛表演的项目，增添了节日欢乐祥和的气氛。现今，民俗体育部分项目虽然存在边缘化发展趋势，但在国家非遗政策的保护下，很多具有地域特色的民俗体育项目依然活跃在人们的经济活动、健身活动中，起到了加强人们人际交往时的情感交流、愉悦身心、陶冶情操，传播中华传统文化、弘扬民族文化，促进新农村经济发展，提高人们的身心健康等作用。

民俗体育因民间百姓的实际需要而产生，"以人为本"是其生存、发展理念。新农村建设要继续秉承民俗体育"以人为本"的生存、发展理念，鼓励村民开展形式多样、灵活自由的民俗体育活动，使村民形成良好、健康的生活方式。特别是要保障老年人的健身娱乐活动，让民俗体育成为村民实现个人健康的途径之一，进而构成新农村健康社会的基础，发挥体育在人的体力和智力方面的作用。这是人与社会、人与自然协调发展的结果。民俗体育因"民俗"的娱乐性和"体育"的健身性，必将推动民间百姓的健康事业的发展，加速新农村体育事业发展。

第五节 民俗体育的文化特征

一、地域性与民族性

民俗体育文化,在运动形态上,依托体育之形式;在行为起因上,源于民间风俗习惯;在行动规范上,源于人们的生产生活,因此,它与各地的风俗人情、生产方式、生活方式联系非常紧密。我国幅员辽阔、民族众多、气候多样、地形复杂、地理环境差异显著,使得我国不同地域的人们生活习俗不同、民情风俗不同、生产方式不同、生活理念与追求也不同。各地区、各民族创造的民俗体育活动的形式差异也较大,而且每项民俗体育活动都有着深厚的群众基础。如蒙古族的生活离不开草原和马匹,形成了蒙古族"男儿三项游艺"的民俗体育活动,即摔跤、赛马、射箭,这与蒙古族的地域环境、放牧生活息息相关;又如其他民族的赛牦牛、大漠的赛驼、北国的冰嬉、山地竞走等民俗体育项目,均具有鲜明的地域性和民族性特征,反映了各民族、各地域人民的传统体育文化生活。民俗体育文化的民族性主要表现在民族文化底蕴中和民族心理认同感上,而民族文化底蕴和民族心理认同感又源于民俗体育的地域性与民族性特征。

二、享受娱乐性

民俗体育文化的产生、发展、繁荣,与人们的精神需求、心理需求、情感体验等因素高度相关。人们在生产、生活中的各种思想、生活物品为民俗体育的产生、发展奠定了物质基础,这是文化创造的开始,是民俗体育文化内涵的精华,也是民俗体育文化产生的源泉和发展的动力。秧歌、腰鼓、采茶舞、踩高跷、射击、摔跤等都产生于人们的生产、生活中。这些民族体育文化生活满足了人民群众在创造物质财富过程中的精神需求,给予了人们精神享受,满足了人们的审美需要。广大民众在感受到身体运动的愉悦时,也体验到了民间民俗文化传递的和乐、和谐礼让、团结、质朴等主题思想。

当人类在自然环境中开始文化创造活动时,即使是最粗糙的简单文化,也是从自然存在物中直接加工开始的。而文化成果又是建立在生产资料和生活资料的物质劳动的过程中，其技术、社会和价值方式都作为相当复杂的文化体系而存在。在社会的更迭、历史的发展中，人们在生产资料、生活资料的生产劳动中创造了内容丰富的民俗体育文化。民俗体育文化涵盖生产、生活、信仰、民风、民俗、狩猎、骑射、渔业、商业、交通、服饰、饮食等方面，通过代代传承给人们提供娱乐享受。

三、民间规约性

民俗体育的文化孕育产生于人们的实践活动中，其演变受民众的意识形态、行为方式的影响。民俗体育不仅成了人们生活的一面镜子，照射出民众的精神文化、物质文化的生活状态，同时也是人们生活的重要组成部分，丰富了人们的生活内容。具体的民俗体育事项几乎都没有书面成文的活动规则，没有正式的裁判员，民俗体育活动之所以能自发地正常有序开展，正是因为人们共同遵从的文化习俗、乡规民约、农村宗族力量、民间组织在其中起着重要的调节作用。这使得民俗体育活动表演和比赛从活动的准备、场地的布置、选手的服装道具、活动路径、经费筹集等各个环节被安排得井井有条，乡里乡亲和睦相处，且活动目的也符合当时的人们的期望。民间规约性在人们的意识形态、心理层面烙下了深深的印迹。民俗体育文化的影响力和凝聚力植根于人们的心灵，成为人们遵从约定俗成的活动规则的核心要素。宗族间、村民间的各种矛盾在民俗体育活动的仪式中得以化解，在中国传统的社会环境下，人们通过民俗体育活动，实现风调雨顺、安康幸福等共同的愿望与祈求。民俗体育及其文化成为凝聚人心、稳固关系、群族之间相互沟通的桥梁。

我国传统民俗体育依存于特定的历史和文化背景。在我国法律制度并不完善的多个历史阶段，法制法规并不能实现社会治理的方方面面。此时，民间开展的民俗体育活动即可作为社会治理的主要手段，通过人们共同认可的民间规约性，达到治理的目的。

四、传承与变异性

农耕文化是我国早期各个时代的主要文化特征，人们在生产劳作中及收获之际，以歌舞、鼓乐、角力、射击、打斗等形式自娱自乐或者相互娱乐，创造了内容丰富、形式多样的民俗体育活动，使得人们的思想交流更加便利与频繁，使意识形态达到一致性。在一定的区域范围内，民俗体育文化主要以口头传授的形式进行传承。如南宋罗愿《新安志》中就有"山限壤隔，民不染他俗"的说法，意即在相对封闭的地理环境中，农村居民逐渐形成了自己独特的风俗和习惯。

随着历史的变迁和社会的繁荣与衰落，人类在地域间不断迁徙，迁移带来了经济、文化和技术的交流与融合。总体来看，生产力在不断提高，人们的物质生活越来越丰富，民俗体育活动逐步融入民众的日常生活中，民俗体育文化也日益兴盛。图腾文化是我国古老文化之一，各种图腾信仰寄托了人们对大自然的崇拜与敬意，如龙图腾、马图腾、蛇图腾。龙是我国最著名的图腾之一，具有图腾的基本特征，它受到各民族的共同崇奉，大多数民族都曾把龙视为保护神。对马的崇拜多流传于北方游牧民族与游猎民族中，满族有供奉马神的习俗。蛇是古越人的重要图腾之一，他们认为家蛇会保护人，家中有了家蛇，米囤里的米就会自行满出来而取不空。几千年来，民俗文化信仰在流传演变过程中不断丰富发展，突破语言和宗教信仰等的障碍，形成了不同风格和不同娱乐形式的民俗体育文化。

五、民间礼仪性

民俗体育文化植根于我国农耕社会，与农耕文明息息相关，是劳动人民情感、信仰的载体，是劳动人民习俗、礼仪的传承载体。中国是一个崇尚礼节、注重礼节的国家，素有"礼仪之邦"的美誉。礼是一种美德，渗透于人们日常生活中的点点滴滴，如衣食住行、生死嫁娶等方方面面。人自出生起，就在各种礼俗中成长，如出生满一年时的"抓周礼"、成长至十八周岁的"成人礼"、老年人的"寿礼"等。在社会生活中，父子间要"上慈下孝"，兄弟之间要"兄友弟恭"，夫妻间要"相敬如宾"，朋友间要"谦恭礼让"，邻居间要"守望相助"等。

礼仪随着人类的活动和宗教的兴盛而得以广泛传播。民俗界认为，礼仪包括生、冠、婚、丧四种人生礼仪，祭祀之事为吉礼，冠婚之事为喜礼，丧葬之事为凶礼。每种礼仪皆有其具体的礼节规范、行礼秩序、服饰佩戴规矩等。民俗体育活动中的礼仪通过举行具体的仪式，如获得丰收要欢歌盛舞庆贺，遭到灾祸时要祭祀祈拜，以祈求神灵保佑。这些仪式传递着人们对幸福生活的向往、对内心宁静的祈盼、对痛苦悲伤的安慰等信息。民俗体育的礼仪文明，是中国传统文化的重要组成部分，对中国社会的发展起着广泛而深远的影响。在民俗体育活动中，民俗体育文化要求民众的言行举止做到礼貌、恭敬，对广大民众进行道德的教化、爱的传播、友谊的传递,继承传统礼俗,制约着人与神、人与鬼、人与人三大关系,从而实现民间的和平稳定发展。

六、天人合一性

劳动人民创造和传承的民俗体育文化生动地再现了广大民众的精神诉求。民俗体育文化久经沧桑,凝聚着历代劳动人民的智慧和情感,以群众喜闻乐见的形式而传承下来,经久不衰。民俗体育文化依附于民间民俗事象,蕴含着人与自然、人与社会、人与人之间"和谐"相处的理念。

"天人合一"的概念最早是由庄子阐述的,后被汉代儒家思想家董仲舒发展为"天人合一"的哲学思想体系。"天人合一"的观点认为宇宙自然是大天地,人则是一个小天地。人和自然在本质上是相通的,故一切人事均应顺应自然规律,达到人与自然的和谐。人们模仿自然界中的动物,创造了五禽戏、鹿戏、大雁功、蛇拳等健身方法。这些健身方法简便易行,人们在自然环境中锻炼,呼吸自然界中的阴阳之气,调节人体的生理状态和身体状况,达到强身健体的目的。"思维反映存在,物质与人以及物质之间和谐统一",是"天人合一"思想的主旨。很多具体的民俗体育事项,如清明踏青、重阳登高,都是人们遵循"天地气交"的自然规律的体现,是"天人合一"思想的实际运用,是人与自然和平共处原则的体现,表达了人们热爱生命、热爱自然、回归自然的意愿。

第六节 民俗体育的文化功能

一、承载优秀传统文化

广义上讲,文化是人类精神生活与物质生活的总和。我国传统文化是相对于当代文化和外来文化而言的,它一般是指文明演化而汇集成的一种反映民族特质和风貌的文化,是各种思想文化、观念形态的总体表征。中国比较有影响力的传统文化有儒家、道家、墨家、法家等。儒家文化追求对人、对社会的认识,以及对社会行为规范的追求,即"仁、义、礼、智、信"。民俗体育文化以民间的思想、文字、语言、技艺等形式,融入民间日常生活中。在传统节日、婚嫁礼俗、丧葬、祭祀等特定日子里,人们通过举行隆重的表演、庆祝活动和纪念活动。以民族音乐、戏剧、歌舞、杂技、对联、灯谜、酒令、歇后语、服装、饮食文化等内容，表达人们生活快乐、安康幸福以及人们的审美情趣和忠孝观念。教化公民遵守社会公序良德、爱国爱家、平等友爱和睦共处、乐观积极等道德品质。我国福建省著名的妈祖民俗文化以妈祖信俗为核心。妈祖文化作为海洋文化的代表，与沿海地区的渔民密切相关，海神妈祖及其部下保护着海上渔民的平安，对渔民行善以及施行大爱精神。妈祖文化现已是印度尼西亚、马来西亚、菲律宾、新加坡、泰国、越南等国家重要的民间信仰，推动着各个国家的文化交流与融合发展。妈祖文化信仰圈的互信互敬也进一步推动着各国经济的深度合作。民俗体育活动承载着我国优秀的民俗体育文化，传播着传统的教化思想。今天，在我国发展社会主义先进文化的过程中，对民俗体育文化进行动态传承与创造性发展，不仅能增强民众的凝聚力，还能进一步加强我国物质文化、制度文化和精神文化的建设。

二、培养民族文化认同感

中国人在传统节日期间的传统习俗是举行隆重的民俗体育活动，为节日增加祥和热闹的气氛，传播团圆忠孝、关爱、和睦、和谐、发展等民俗体育文化内涵。在伦理观念、价值观念相同的文化背景下，中国的传统习俗培养并形成了人们对民族文化的认同感，如春节期间的闹花灯、舞龙、舞狮；端午节划龙舟；中秋节舞火把；泼水节泼水；都是人们共同的文化认同感的直接体现。

中国人重情重义，尤其重视亲情、友情。在中国的传统节日里，中国人的情谊表现得浓烈而真挚，人们走亲访友，共同祝福，道喜问好，倾诉关爱之情。春节，全国人民共同庆祝国泰民安祖国和平繁荣，家家贴对联、穿新衣、放鞭炮、请财神，农村处处呈现喜气洋洋的景象，举办各种民俗体育活动庆祝春节。端午节是纪念屈原的传统节日，追怀华夏民族的高洁情怀。人们在这一天吃粽子、赛龙舟，挂菖蒲、蒿草、艾叶、薰苍术、白芷，喝雄黄酒。端午节于2006年被列入世界非物质文化遗产名录，2008年，"端午节"成为国家法定节假日之一。中秋节是中国人团圆的节日，赏月、吃月饼是人们公认的习俗，也是人们喜庆丰收、祝愿家庭团圆平安、民族团结奋进、国家统一安定、社会和谐稳定的佳节。

民俗体育活动是在民间普及广泛，本土居民擅长且喜爱的运动项目。人们参与的积极性较高，形成了共同的心理趋向性。久而久之，民俗体育文化浸入人们的心灵，并形成守护精神家园的文化自觉。

鉴于民俗体育文化有培养民族文化认同感的强大功能，2007年12月7日，国务院审议通过了《国家法定节假日调整方案》。继春节后,中华民族新增了清明节、端午节、中秋节三个法定节假日。民俗体育文化在培养我国民众民族文化认同感方面的功能得到进一步加强。

三、弘扬民族精神

民俗体育活动是民间最普及的娱乐健体方式,也是民众精神寄托的主要载体。其内容涉及生产生活、社交娱乐、纪念先祖、祭祀神灵、驱邪祛病等多方面,表达了人们的期盼、思想、信仰、道德、情感等,成为广大民众享受精神生活的重要活动。民俗体育文化记录着各地区、各民族丰富而多彩的社会生活文化内容,承载着我国数千年农耕文明的文化成果。例如春节,春节是中华民族最隆重的节日,春节也是民俗体育行为文化活动形式最丰富、最集中的时期,包括祭奠、礼仪、表演、技艺、艺术、游戏等方面,这些丰富多彩的行为文化又折射出民俗体育的物质文化和精神文化丰厚的文化内涵。

在日常生活中,人们进行民俗体育的健身、娱乐、表演等活动时,礼貌相待,谦逊有礼,语言交流讲究分寸,显示出和蔼、平等、宽容、接纳、谦让的民族情怀与精神品格。随着时间的推移,这些优秀品格成了人们性格的一部分。民俗体育汇集民智,宣传民德,尊重民意,凝聚民心,发展着本民族体育文化的个性,形成了本民族体育文化的特色。培养了人民眷恋乡土、热爱家园、和睦相处、互敬互爱的情怀,传播着尊重祖先、崇礼重教、遵从伦理道德、发扬传统美德的优秀民族文化,弘扬了不屈不挠、团结互助、勤劳苦干的民族品格和民族精神。

四、促进社会和谐稳定

民俗体育产生发展来自人类的生产实践活动,与人们的物质生产方式、思维方式、行为方式、生活习俗息息相关,并随着社会生产的发展和人们生活水平的提高而日趋丰富,且在人们的生活中发挥着越来越重要的作用。民俗体育活动尊重人的活动自主权,使人的身心在健康的体育生活方式中得到锻炼,使人感到舒畅愉悦。同时也能缓解人们在劳作中的劳累感,使人们单调的生活内容有了改变,变得更丰富,促进群体间的交往,拉近彼此的心理距离,让人在互帮互助中形成乐观开朗、积极向上的心态,有利于提升群体成员的人文素质,从而达到端正社会风气、抑制社会不良习惯的的目的。

第四章 高校体育文化研究

体育文化是一切体育现象和体育生活中展现出来的一种特殊的文化现象。具体地说,是人们在体育生活和体育实践过程中,为谋求身心健康发展,通过竞技性、娱乐性、教育性等手段,以身体形态变化和动作技能所表现出来的具有运动属性的文化。高校体育文化传播能促进体育运动自身的发展,促进高校体育产业的发展,丰富大学校园生活,提升高校知名度。

第一节 高校体育文化传播途径

随着高等教育的产业化、办学模式的多元化,高校在建造自己的体育文化、学校形象的同时还要加大传播力度,通过多种传播媒介展示自己,从而使高校的客观实在转化为社会公众心目中的认知形象。

一、审视高校体育文化传播

(一)高校校园体育文化传播内容

高校作为代表国家最先进科学文化水平的团体,它的形象早已深入人心,随时随地影响着人们的思维、情感和教育决策。而体育文化传播是提升学校形象的一条重要途径。

1. 校运会

运动会是学校体育文化传播的一个重要环节。在校运会中体育文化传播的主体是学生,校运会的目的不仅是通过竞技体育增强学生体质,培养学生顽强拼搏、积极进取的精神,更重要的是增强人际交流,传播体育文化。调查结果显示,高校运动会的主要内容基本都是田赛和径赛,而在体育文化知识宣传方面仅有一些口号、宣传海报、横幅及播报,有条件的高校会利用大屏幕显示运动员的成绩,但这与体育文化知识的传播要求还相差甚远。

2. 体育文化节

现今的学校体育运动逐渐打破了传统竞技模式,融集体项目、娱乐项目和主题项目为一体。有条件的高校还开展时尚体育项目的运动会,以人为本,传播特色体育文化。体育文化节对高校产生了巨大影响,同时引起社会的广泛关注,展现了当代大学生的风采。以湖北文理学院为例,体育文化节通常是学工处组织、院系承办的特色活动。如三人两足比赛,借助学校地处隆中风景区的优势组织定向越野比赛等。其余各高校举行体育文化节内容也很丰富,形式多样,如棋类比赛、体育知识竞赛、体育展览赛、电脑体育动画制作评比等。

3. 全国大学生品牌赛事及各级重要赛事

学生形象通常通过学生社团活动或学习、比赛展现出来。学生在各类比赛尤其高级别的、社会影响大的比赛中获得优异成绩,都能为学校赢得声誉。高校积极地承办重要体育赛事,既可达到高校体育文化传播、扩大学校知名度目的,又能取得良好的经济效益。这些赛事的传播效果是惊人的,对大幅度提升高校形象作用显著。

4. 训练基地

专业队落户高校,在国内这种体育传播形式还鲜为人知,在这方面走在前头的首推清华大学。其跳水队已初具规模;另外,浙江的杭州师范学院也采取了与省女子散打队联姻的形式开创了武术专业队与高校联手,实现体教结合的先例。

例如,湖北文理学院毗邻国家级风景名胜区——古隆中,此处环境幽雅,景色宜人,是一个非常好的体育训练基地,也是体育竞技很好的比赛地点。如果能吸引一两支省级队伍,比如篮球队、乒乓球队、足球队甚至是围棋队来封闭训练,将训练比赛带入学校,这将极大地提升学校形象,带动学校发展。这些方法对别的院校也适用。比如,三峡大学可以利用其优势吸引游泳队、划船队、跳水队来训练等。

（二）高校体育文化传播的重要性

对于体育的文化传播的概念，很多人会产生疑问："体育就是技术学习，与文化传播有什么关系？"也可能另一部分人目前已感受到体育文化的发展势头，似乎觉得大背景下体育与文化应该相互结合，但技术教学与文化发展又似乎很难扯上太深刻的关系。我们习惯从技术传播的角度看待体育，而非在文化背景下谈论体育发展，这就是束缚体育发展的症结所在。其实，体育既需要技术传播，又需要文化传播。体育技术若没有文化传播、传承与创新的融入，就很难转化为服务公众的锻炼工具。要对技术、文化传播足够重视，经过文化传播的项目有着较强的生命力。如象棋、围棋等，其被推崇为高雅文化不可或缺的组成部分，就是文化传播的成果。因此，棋类体育活动获得很好的普及效果。原因在于文化力量具有向心驱动力。

文化的向心驱动力对人们有着巨大的影响。重新审视体育的文化传播，我们发现中国体育向来是智力和技术二分的，"劳心者治人，劳力者治于人"的政治文化使智力体育得到长足发展。我们主动审视接纳先进的体育文化，弥补自身的种种不足。消融外来文化营养自身体系向来是中国文化的一大特色，认识这一点，从长远来看体育的发展，其必是以传统体育思想引导的多功能体育内涵的集聚，而非西式纯量化指标的健康指导模式。值得注意的是，量化指标的合格与否对生命力旺盛的青少年并不能产生显性差异，且没有试验表明体质监测不及格的学生身体素质比体质监测合格的学生差，其寿命比体质监测合格的学生短。

中国文化向来讲保家卫国，国是家的延伸，是大家的家。国将不国，何以家为？所以御辱自强，学习、吸收西方强体技术，绝非对一己之家的防卫，对一己之身的建设，而是民族发展的必然。一些近代有识之士提出的体育教育观念："体育是具有时间和空间性的，随社会变迁而变迁""体育对于一国最大之贡献，在于能辅助一国之教育，增进一国之文化，不仅限于增进个人健康""不依据任何一种制度，但取各国所有之各种体育之善者，而形成一种新颖之体育制度""学习的发生是由于需要或兴趣，因需要才发生兴趣，因兴趣才感到需要，为了需要才想活动，活动结果可以得到满足""体育对于休闲活动，当然必须负起更重大的责任"等。对于今天体育的时空特性，文化属性，兼收并蓄，以人为本，教育定位仍可借鉴。当代，国富民强，体育发展更为繁荣。

国学热开始让人们理性地从内心重新审视中国文化的建构，我们更加强调教育的"文化传承与创新"作用。那么，新时期的体育文化应该如何重构？当务之急就是树立以民族文化为主线,以先进体育思想为补充的体育发展意识。改革开放以来,中国的体育发展取得了辉煌的成就,竞技体育得到长足进步。但高校体育教学的结果却是,"健身意识薄淡,健身知识匮乏,健身技能缺乏,身体素质逐步下降"。这至少说明体育课的目标完成效率不高。这种现象背后的一个主要原因,即体育文化大背景建设的某种缺失。具体而言,这种缺失包括三方面:一是体育教师仅有技术传授的观念,而没有体育文化传播的意识。二是校园体育文化建设的不健全。三是学生"学而优则仕"的主体意识唯一。如此一来,便不可能培养出体质较好、运动素质较高的学生。因此,关注体育教育,关注体育文化建设就显得刻不容缓。另外,关注体育文化建设,还必须关注体育文化创造者的主体特性,纵观现在的改革,人性化、学本位一直是体育改革强调的核心,但学生主体特点的分析却被忽略了。出生于20世纪80至90年代的学生创造了属于自己的独特文化,但对这种文化的研究并未列入体育改革所要考虑的范畴。很多时候我们只是就体育论改革,过于笼统,缺乏因地制宜、因材施教的针对性,难免收效甚微。

很多"80后"的人个性特点是你想让我怎样,我就不怎样。对体育课的态度是:我不喜欢就是不喜欢,不学就是不学。而"90后"的人相对更为变通。对体育课的态度是:不顶撞老师。你说你的,我忙我的。你讲得好,我就听;你讲得不好,我就忙着干自己的事情。很显然,如果不透彻地了解他们的性格特点,就不可能有针对性地提高体育改革的效果。事物之间是相互联系的,但这个观点却很少用于体育领域的问题思考。在很多情况下,学校体育改革前进的条理性、程式化和严谨性严重阻塞了其多面联系的通道,致使大规模的体育改革进行得天翻地覆,但是真正细致入微到课堂教学方法的革新,其效果就不尽如人意。

学校是人才聚集的场所,是知识、智慧的集散地。对于学生来讲,无论怎么学习,切入的角度都是文化的传承与创新。体育发展可以从文化传承与创新的角度注入活力,有助于提高其实效。历史上体育的传播与文化名人有着密不可分的联系,名人为体育的传播担当着重要的角色,不仅亲自涉猎技术领域练习,还著书立传记载传播。例如,司马光改进投壶运动,张建封在马球场上纵横驰骋。若这一传统能够在学校这个知识分子高度集聚的地方发扬光大,体育的发展自然充满希望。

二、高校体育社团对校园体育文化传播途径分析

新形势下,高校社团得以蓬勃发展,不仅种类不断增加,活动也是日益丰

富。其中体育社团凭借其增强学生体质、拓展学生视野、锻炼学生能力、丰富校园生活等诸多优势深受广大学生喜爱，极大地促进了校园体育文化的传播。

（一）高校体育社团对校园体育文化传播的影响

（1）体育社团文化是校园体育文化的重要构成。校园体育文化与智育、德育、美育等文化共同构成了校园文化，其强调的是以人为本，代表的是校园精神，既有着丰富的内涵，也具备独特的外延。而高校体育社团凭借其灵活多样的社团活动为学生进行体育健身、人际交往、彰显个人特长、追求自由发展提供了平台。且因其活动内容极富感染力、教育性以及适应性，十分有利于促进学生综合素质全面发展，符合校园体育文化的宗旨。

（2）体育社团是校园体育文化传播的重要载体。校园体育文化的传播仅靠宣传和教育显然难以奏效，而高校体育社团借助充满活力、易被接受、富有影响力的体育类活动，吸引学生积极加入社团活动中。使其在愉悦身心，锻炼体魄的同时，受到正确价值观念潜移默化的影响，进而形成吃苦耐劳、敢于进取、顽强拼搏、团结协作等精神风貌。加之校园社团数量众多，成员多为跨系、跨级甚至跨校学生。且一个成员可能同时参加几个社团，有利于信息传播的速度、效果的提高，是校园体育文化的最佳"传播者"。

（3）体育社团是校园体育文化建设的重要力量。体育文化建设强调实践活动与知识渗透的有效融合，高校体育社团所开展的足球、篮球、乒乓球、武术、健美操等各种形式的体育竞赛活动，为校园体育文化建设做了铺垫。体育专题讲座、知识竞赛、影片欣赏、趣味比赛等休闲、娱乐类活动又使校园体育文化更为丰富，很大程度上满足了学生多变性、多样化、多层次的需求，因此其是校园体育文化建设的重要力量。

（二）高校体育社团和校园体育文化和谐发展的策略探讨

（1）注重体育社团基础性建设。当下高校体育社团基础建设尚不完善，不利于顺利传播体育文化，高校应根据体育社团与校园体育文化的内在关系，立足自身实际，给予必要的政策支持和资金扶持，以此为体育社团提供合适的场地、必要的运动器材、适度的活动经费等。从而保证社团活动正常开展，切实发挥应有的功效。考虑到体育社团宣传力量有限，不利于校园体育文化的进一步传播和繁荣，建议高校有关部门为其创造一定的宣传机会，引导师生提高对体育文化的认知，树立科学的价值观念，养成健康文明的生活方式等。

（2）促进体育社团规范化管理。毕竟高校社团是由学生自发组织、自主管理和参与的，因此不可避免地会出现管理无序、经验不足等情况，这就要求高校相关部门加强与体育管理部门、学生处的交流与合作，对体育社团实施统一、规范化管理，并制定相对完善的管理制度。如明晰社长、宣传部、组织部等职务权责，细化总结汇报制度，并对经费审批、活动原则、团费标准、成员出勤等做出规定，以此实现内部管理有章可循。此外，高校还应每年考核、评估体育社团绩效，并予以及时、合理的表彰或整改。

（3）实现体育社团可持续发展。体育社团的可持续发展关乎校园体育文化的建设和繁荣。可以从下述几点着手：一是应鼓励体育社团根据成员的不同需求，组织多样化且各具特色的体育社团，在扩大成员活动空间的同时吸引更多的学生加入。二是进一步丰富活动形式和内容，如欣赏体育比赛、组织专题讲座、举办项目培训班、开展趣味活动、举办体育晚会等，以满足成员身心需求，提高运动技能，养成健康品质。三是发展有专业体育教师参与的运动队，既可以引导学生健康锻炼和运动，也有利于弘扬校园体育文化。如一高校在校内举办了CUBA联赛，并在开幕、比赛间隙中展示了特色的文体节目，就会明显地促进校园体育文化建设。

总之，高校体育社团为学生身体素质、知识能力、价值观念、道德修养的提升提供了有力的支持，极大地促进了校园体育文化的传播和繁荣。因此，高校应充分发挥体育社团的效用，切实将体育文化渗透于校园的角角落落，以此实现两者的和谐发展、共同进步。

三、网络信息化技术对高校体育文化传播的研究分析

在传统体育文化传播中，高校主要通过一些固定的体育文化活动来吸引学生对于体育的重视程度，利用这些活动影响学生的体育意识、体育态度和体育思想，使学生在体育学习中能够感受到体育的魅力和体育的价值。随着我国互联网技术的不断发展，数字化校园建设已经逐步成为高校基础建设中不可缺少的一项内容，这项工程使学生在最短的时间内能够对网络信息文化内容进行筛选和过滤。当然，这也为学生获取多种体育信息提供了极大的方便，对于学生的素质教育影响很大。那么作为学校和学生管理人员，如何有效地利用好网络

体育信息传播途径，为学生的体育思想培育和校园体育文化建设服务就需要我们每一个教育工作者去思考。

对于在校学生而言，他们获取的信息传播途径主要有网络媒体、数字化媒体和报业媒体等几种形式。网络媒体因为传播速度快，访问便捷和时效性较高，所以最受学生欢迎。再加上移动信息服务的不断扩展，为网络媒体的发展提供了更多的便利条件。报业媒体属于传统媒介，在学生群体中，受重视的程度相对较低。数字化媒体因为学校多媒体技术的引入和快速发展，学生接触也较多，但是对于体育信息传播而言，还是主要依靠网络媒体。调查发现学生对于信息获取有90%左右是通过网络媒体获取的，通过数字化和报业媒体获取的仅仅占10%左右。这就说明，在信息传播中，注重和利用好网络媒体是今后一个时期高校在校园体育文化发展和学生体育价值观念培养方面努力的方向之一。

研究发现，在高校体育文化的建设和传播中，体育信息传播的真实和可靠性对于学生的体育兴趣培养也起到了重要的作用。比如说，对于体育赛事的报道，尤其是对于比赛的输赢报道，信息传播中的导向对于学生对赛事的热情和认识都会有重要的影响，正确地引导学生认识赛事、对体育文化有更深层次的认识势必会成为今后一个时期体育信息传播中受关注的问题。作为学校的管理人员，不仅需要把目光和精力集中在信息传播方式上，还需要关注信息传播的导向问题，这对于大学生体育信息取向的培养同样具有重要的作用。对于本校校园体育文化的建设与发展，因为信息传播过程中更多的是涉及本校体育文化活动，学生对于此类体育信息的关注程度较高，这说明学生们十分关注身边信息。这也给我们从事体育管理工作的人员提供了信息，那就是在校园体育文化的发展和培育过程中，持续不断地创造体育文化及信息的新颖性，对于高校体育文化的发展是至关重要的。

第二节　高校体育文化传播存在的问题

我国已经成功举办了多项重大国际赛事。随着人们生活水平的提高，民众越来越把体育运动和自己的健康密切联系起来，人们已经不满足于停留在观看体育竞赛的层面，为了自己的身心健康，越来越多地在关注体育、关注运动、关注养生。体育日益成为人们生活中重要的组成部分。而当下体育和体育文化的传播却存在着很多不足，尤其是体育文化传播，存在着明显的发展瓶颈。

一、传播内容、路径单一

近年来中国媒体对全球体育赛事、各类竞技新闻都进行了大量播出报道。对体育文化传播起到了有力的支持，但仍存在路径单一的问题。早期的体育，大多源自人类初期的游戏，不同的地域和不同的生活习惯，人们的游戏形式也有所不同。在人类文明发展的历史长河中，人类不断将游戏的规则规范化和大众化，同时融合劳动生活的技能把体育活动规范化，久而久之就作为固定的体育项目流传了下来。就像足球和橄榄球，不论肤色、国籍都可共同游戏，体育活动作为一种社会文化现象代代相传。随着时间的推移，逐渐形成了极为丰富的体育文化。世界上多数民族都有自己的传统体育项目，这些体育规则也体现着公平，促进了交流，弘扬了民族文化，使人与社会更加和谐。由此可以看出，体育文化是一个地区或民族的社会文明和物质文明的综合体。

奥运会的成功举办，大大激发了中国民众的民族自豪感和自信心。人们对体育的关注度不断提高，并与自身的生活紧密结合起来，社区运动的开展成效也在各级地方政府的关注下有着不同程度的提高。人们十分关注自身的健康，各种养生方式越来越受重视，电视台和很多广播节目以及网络也有诸多关于养生的节目和相关专题，我国作为一个历史悠久且多民族融合的国家，精神文明硕果累累，各民族都有自己特有的民族体育，体育文化内容也极为丰富深厚。中国有56个民族，每个民族都在长期的生存和发展中形成了形式丰富、内容独特、富含民族风情及民族特色的体育文化，不仅在长期的历史演变中滋养着各民族的身心健康，而且作为传统代代相传。

二、体育文化传播分化较为严重

目前，我国的体育文化传播主要集中在各大电视台体育频道。我们打开电视能看到的，除了各种正在进行的国际各类比赛外，就是过往的精彩回放。主要以大家熟悉的体育活动，比如乒乓球、排球、足球、篮球居多。但富有地方特色的各种体育文化活动，我们很少能看到详细的信息，许多是新闻快报的内容。换言之，我们的体育文化传播，主要是要满足体育爱好者的需求。这种单一的竞技性新闻，是体育文化传播功利化的表现，同时也是体育的社会功能弱化的表现。体育文化传播的功利化，导致了体育文化传播被媒体化。热门的体育项目比如乒乓球、跳水、排球等，因为比赛的胜利和荣誉，取得了更为深厚的群众基础，很受群众追捧；较为冷门的，比如铅球、冰壶和诸如民族传统运动项目报道不够。这种传播中的分化，是眼球经济所导致的功利化传播造成的，促使体育活动发展两极分化。在体育学界的学术研究中，不乏民族传统体育的研究者，但是能系统并且能与实际结合者相对较少。像潍坊的风筝文化能够被产业化、市场化，能够被地方政府所重视，是传统体育项目现代化转型的成功案例。在很多地方也被效仿，比如少数民族地区旅游中的项目，很多都是地域传统体育项目。

三、研究对策分析

中国体育文化，在儒家文化的长期影响下形成了重在修身养性的民族文化内涵。体育文化是和谐社会的重要内涵和基本路径，体育活动的大众化，需要体育文化走向大众。民间的体育形式丰富多彩，富有地方文化和民族传统。由于传播方式的局限，目前世界范围内的体育传播多是精英体育。只有克服体育文化传播的瓶颈，才能让精英体育服务于大众。

1. 弘扬体育文化，构建人文体育

在我国的历史长河中，向世人展示中国的和谐，体育文化传播是重要平台之一。它不仅能够弘扬中国56个民族丰富多彩、富有特色的体育文化，而且对于构建人文体育，让体育深入百姓意义重大。体育文化作为一个特殊的文化范畴，有着特有的个性和自身的发展变化规律，在人类文明的进程中，健康的生存延续是人类的共同需要。正基于此，大众体育文化在教育全球化的浪潮中的推动力最大，影响最为广泛，也最为深刻。这是因为大众体育文化给人类带来了健康快乐和归属感，同时也给社会带来了健康和活力。个人的健康有助于家庭的和谐，家庭的和谐有助于社会的和谐。大众体育的构建离不开学校体育和社区体育。学校和社区是社会构成的重要单元，也有着强大的民众基础。加强学校体育的体育文化元素，让不同年龄和不同层次的教学单位能够从多角度传授中国丰富的体育传统，让更多的群体认知和了解中国丰富的体育历史和体育文化，从而增强体育教育的人文性，是弘扬体育文化的重要路径。同样，加强社区的体育活动，加强体育文化宣传，也能够使和谐精神进驻社区。身心和谐、家庭和谐、邻里和谐才能生活美满，才能真正实现体育强国。奥林匹克的

精神激励我们奋发向上、超越自我,向着更高的目标迈进。运动员们勇于克服各种艰难险阻,付出辛勤的汗水去争取胜利的意志和品质对所有人都是一种正面的积极的力量。人在运动中强健身体,愉悦身心,同时能够通过运动增强自身体能、培养自己的意志潜能,这种积极的力量也是社会进步和创新的源泉。

2. 完善体育文化传播路径,全民体育、大众体育构建健康和谐社会

构建和谐社会,离不开人的和谐。人的和谐,离不开强健的体魄和健康的精神。体育与人类的生存、发展紧密相连,人类创造了体育,也创造了体育文化。体育文化不仅是竞技运动文化,它在人类长期的社会活动中不断变化,最终体育会走向艺术体育的阶段。即体育所带给人类的不仅是健康,还有艺术的审美情趣,像花样滑冰的柔美、摔跤的豪放、长跑的顽强、短跑的速度、扣球的力量、投篮的精准与果敢等。艺术体育摆脱了人类求生存的体育文化和强身健体适应环境的科学化和功利性体育文化的特征之后,向着竞技与艺术相结合、形体美与心灵美相结合的形态发展。奥林匹克的最终目的是为建立一个和平美好的世界作出贡献。让所有人了解体育,从而了解不同的民族文化,并在了解欣赏的过程中认知世界、包容世界,让人人都能豁达于纷争,让世界能够多些平静,能够把公平公正延伸到人类生活的各个领域,也许,这才是体育的本质。

总之,在现代社会文化传播日益繁荣的今天,文化的吸引力日益成为竞争的核心,无论哪种产业、哪种经济形式,都需要文化的内涵。体育在人类初始阶段就已存在,并且随着人类的进步而发展的独特文化形态,有着丰富的内涵。体育文化的核心就是身心的和谐,个体生命的和谐必然能够创造出更多的社会文明和社会财富。体育文化的传播应走大众审美的路线,体育是大众体育,而不仅仅是精英体育。突破传统传播模式,是弘扬体育文化、构建和谐社会的必由之路。

第三节 高校体育文化交流与传播的冲突

高校体育作为学校体育的最高阶段和社会体育的衔接点,在全民健身运动中占有非常重要的地位。但是,目前高校体育与全民健身运动尚存在着一些隐性冲突。通过对这些隐性冲突的分析并基于高校体育的优势,提出了促进全民健身运动发展的新模式——更新高校教学理念、人才及场地优势的互补、建立高校与社区间健身网络工程,将高校体育与全民健身运动相对接,以实现高校体育与全民健身运动的有机结合,达到共同发展之目的。

一、高校体育与全民健身运动的关系

全民健身运动是以全体国民为实施对象,以青少年和儿童为重点的全体国民参与的体育健身运动,其目标是不断提高参加体育活动的人数、国民体质与健康水平。而学校体育是国民体育的基础,是提高中华民族体质水平的一个重要途径。《学校体育学》指出,学校体育工作应面向全体学生,其主要任务是增强全体学生的体质,促进学生身心健康发展,养成经常锻炼身体的习惯。这就要求学校各项体育工作和措施,都应该围绕着增强学生体质这一根本目标来安排。学校体育与全民健身事业的发展有着密切的关系。重视在校学生的健身教育,对增强我国全民族体质有着重要的意义。

(1)全民健身运动对高校体育的要求。《全民健身计划纲要》强调:"学校体育是国民体育的基础,学校体育的首要任务是增强全体学生的体质。各级各类学校要对学生进行终身健身教育,培养学生锻炼身体的技能、习惯并成为群众体育骨干。"

这就说明,高校体育既要扎扎实实地施行终身健身教育,增强学生的体质,又要广泛地开展大众健身知识的教育,使大学生成为国家建设的有用之才和群众业余健身的骨干与指导力量。

(2)高校体育是国民体育教育的重要组成部分,是群众体育和竞技体育的坚实基础,是全民健身的战略重点。中华人民共和国成立以来,党和国家一直非常重视高校体育的发展,曾先后颁布《学校体育工作条例》《大学生体育合格标准》《全国普通高等学校体育课程教学指导纲要》《大学生体质测试标准》等一系列指导性文件,使高校体育工作取得了较大的进展和成绩。有资料表明,中国知识分子的体质健康状况在中国经济飞速发展的十几年中并没有得到改善,在诸多因素中一个重要的问题是我国知识分子对健康与体育意识的淡漠。高校是学生在校期间的最后一站,也是学校体育教育的最高层次,是学生从学校向社会的转折点,是学与用的衔接点。这一阶段,也是大学生进一步完善体质,发展体能,形成"终身体育"意识的关键时期。而高校体育教学正是这一过程的中间环节,起着承前启后的"桥梁"作用,是全民健身事业的前提与保障。

二、高校体育与全民健身运动的隐性冲突

高校体育的优势，决定了它将成为推进全民健身运动的人才输送中心、健身活动中心和健身科研中心，两者的协同发展是历史的必然。但是，从实践上看，由于旧有体制、传统理论等多方面因素的扰动，高校体育要汇入全民健身大潮尚存在着众多隐性冲突。具体可概括为以下几个方面。

（1）具体目标冲突。高校体育的目标任务是："增进健康，增强体质；传授体育知识、技术、技能，培养体育锻炼的意识、习惯和能力；培养良好的道德意志品质；在普及的基础上提高运动技术水平。"现阶段全民健身的目标任务是："努力实现体育与国民经济和社会事业的协调发展，全面提高中华民族的体质和健康水平，基本建成具有中国特色的全民健身体系。"

（2）实施途径冲突。高校体育的实施途径主要是体育教学、课外锻炼、运动训练和竞赛。全民健身的实施途径主要是身体锻炼。虽然全民健身运动中也要采用教学、训练与比赛等形式，但毕竟处于一种为"锻炼"服务的从属地位，尚不足以称为"主要途径"。当前，全民健身在高校的实施主要通过课外体育锻炼进行，而课外锻炼在高校体育实施的途径中充其量仍只是一个"配角"，其安排与指导尚需增加力度。

（3）内容冲突。从总体来看，高校体育的内容是以运动技术的传授、学习与运用为主，以全面性、规范性著称。全民健身运动也包括运动技术的练习，但主要是以健身性、实用性、趣味性作为其特点。另外，全民健身所包含的内容比高校体育要广泛得多，健身方法的选择因条件、兴趣的不同而异，并无严格的划定。当前高校体育不具备这种功能，学生选择身体锻炼内容的余地较小。内容上单一、缺乏弹性，是影响学生健身的重要原因之一。

（4）组织形式冲突。高校体育教学、运动训练和竞赛，以及早操、课间操等，均是有组织的集体性活动，有严格的组织约束，有固定的教师指导、时间安排、场地保证等。而以个体形式为主的全民健身体育没有严格的组织形式，也无固定的锻炼模式，以随意性、个体性为其特点。这是高校体育与全民健身体育显著的区别之一。

（5）实施条件冲突。高校体育与全民健身运动的顺利发展有场地、器材、时间、师资和经费等客观条件有关。高校体育较之社区体育、家庭体育等拥有较优越的客观条件和实施保障。但从学校范围来看，这些有限的客观条件，尤其是经费开支与师资指导力量，在满足教学、训练、比赛需求之后，能用于学

生健身活动的几乎所剩无几。可见,在高校中推行全民健身在实施条件等方面同样存在矛盾与冲突。

(6)效果评价冲突。衡量高校体育与全民健身运动的发展水平,最终标准仍然是实际效果。高校体育的教育性与多目标,决定了它的效果评价的多指标化。除了看学生体质增强程度这一主要指标之外,还要看它的教学、运动竞赛、群体活动及科研水平、体育地位等评估参数。而全民健身的效果评价指标归根到底只有体质与健康水平。由此可见,高校体育工作的多面性与复杂性,导致效果评估的模糊性急剧增强。而全民健身运动的效果评估却要简单、客观、精确,可进行颇为精确的定量评价。

第四节 高校体育文化精神建设

体育精神是一种内在的精神力量,存在于校园体育活动的方方面面。在信息社会,信息技术的应用使得信息传递速度加快,也为体育精神的传递增添了新的活力。

一、对高校体育精神的认识

体育精神是一种文化意识形态,是通过体育运动而形成并集中体现出人类的力量、智慧与进取心理等积极意识的总和,是体育运动的最高级产物。它从文化角度反映了人类自身的崇高。体育精神的魅力能够产生较强的鼓舞力、感染力和征服力而成为体育本身所特有的最积极的教育因素,进而能够指导和影响人类的生活方式和体育实践。体育精神的展现,是运动技能、技巧和多种优秀心理品质作用于运动者身体之后的升华。

(一)高校体育精神的涵义

校园体育文化是指体育文化在校园这个特定时空环境中的存在形态和发展方式。高校体育精神则是指一定历史阶段,在校园体育文化建设中积淀、整合和提炼出来的,是反映高校体育文化的行为准则、价值观念和意识的总和,是校园人的体育精神生活方式和意识形态的反映。一般说来，高校体育精神包括以下涵义。

1. 科学精神

高校体育的科学精神，体现在高校体育教学与训练，活动与比赛中按规律和制度办事。要认真地分析和研究，对那些符合先进文化本质和发展规律的校园体育活动，要积极总结、归纳，集中推广，力求以此构筑校园体育文化的主旋律。

2. 求善求美精神

求善，主要体现在世界观、人生观、体育道德观等方面的价值判断上。高校培育出的人才，应该具有一定的历史使命感、正义感和正直的品质；一种爱校建校之心；一种团结互助、为人民服务的思想意识。求美，主要体现在审美实践上。要求师生培养正确、高雅的审美意识，引导人们按照美的规律来规范校园生活的全部（包括体育环境美、体育行为美、体育思想美等），使得整个校园洋溢着体育美的气息。

3. 团结拼搏、争先创优精神

主要体现高校师生在体育训练中不怕困难和挫折，具有坚强的毅力；在体育比赛中团结拼搏、勇于竞争、善于竞争，并力求争先创优。团结拼搏、争先创优精神的发扬既可以使校园充满生机和活力，又可以使师生员工形成一定的个性、一种催人向上的心理机制。

4. 创新精神

高校体育文化是总结、继承和传播人类优秀体育文化的成果，是在继承基础上的创新。作为高度的知识密集和智慧卓越的高校校园，师生们期望创造新的体育文化，以符合时代发展的需要。创新精神是校园体育文化的一种综合体现。

5. 健康第一的观念

强健的体魄是服务社会、贡献国家、实现理想的基础条件，是实现人的全面发展的重要方面，学校的主要任务是要培养社会主义现代化事业的接班人，必须树立健康第一的观念。

（二）高校体育精神的特性

1. 鲜明的时代性

高校体育精神是高校所处一定历史时期的时代精神和时代风貌的具体体现。因此，一所高校的体育精神，必将随着人类社会的重大变迁和高校的发展而发展、变化，高校体育精神应该与时代精神相一致。

2. 稳定性

高校体育精神一旦形成，便具有一定的相对稳定性。这种相对的稳定性使人们的体育思想、体育意识和体育行为得到一定程度的维系，巩固和规范。校园体育精神的相对稳定性，也标志着对民族传统体育文化和学校传统体育的继承和发扬，体现了优秀传统体育和时代精神的交融。

3. 个性特征

高校体育精神所具有的个性特征，是一所高校的体育精神区别于另一所高校体育精神的根本所在。由于高校之间在历史传统、性质、具体工作的指导思想及学校所在地区的体育文化环境等方面因素的差异，会带来生存于不同学校的人们在体育传统观念、体育行为方式等方面的不同，从而产生出一所学校特有的校园体育精神。

4. 渗透性

高校体育精神的渗透性，是指高校体育精神能够发生辐射，渗透到学校教学、科研、管理等各项工作之中，渗透到师生员工的一切活动之中，渗透到人们思想、价值观念形成的过程中。从而影响和引导高校师生员工和高校体育文化的发展。它还可能渗透到校外的社会生活中，从而实现高校体育文化对社会和社会文化的辐射。

（三）高校体育精神的价值取向

1. 先进性

高校体育是高校校园文化的重要内容，从价值观上看主要反映在校园体育精神上，它是校园体育的灵魂。校园体育精神价值取向先进性就是看它是否面向现代化、面向世界、面向未来，是否是民族的、科学的、大众的。相反，那些带有迷信、愚昧、低俗、颓废、庸俗等色彩的校园体育的行为准则、价值观念和意识形态，则是落后的、危害和影响校园体育开展及校风、学风建设的价值选择和评价。

2. 科学性

科学性是相对一般概念而言的，高校体育精神价值取向的科学性是指它的选择和评价不偏颇，不迷信权威、不盲从、不执迷。高校体育作为校园文化的重要内容，要彰显体育的魅力和凝聚力，但决不能为此疯狂或执迷，要理性地、认真地分析和研究，那些符合先进文化本质和发展规律的校园体育活动，要积极总结、归纳，集中推广，力求以此构筑校园文化的主旋律。

3. 增进健康

增进健康是体育永恒的主题。由于人们对校园体育理解的差异，造成校园体育的功能和价值取向的误解。学校体育的唯技术、唯规范思想，削弱了体育增进健康的功能和作用，从而也影响了校园体育精神价值取向的选择和评价。然而，随着素质教育的实施和对校园体育功能的不断开发，校园体育所提供的多姿多彩的身体活动和娱乐方式，已使校园体育活动成为校园人增进健康至关重要的手段和方式。因此，以人为本、增进健康是新世纪校园体育精神的核心价值取向。

4. 促进个性完善

一般说来，个性结构包括个性的倾向性、能力系统和自我调节系统等基本要素。这个结构的完备与否，将直接关系到个体身心能否全面发展和社会适应能力。高校体育活动是群体性和独立性相互交织的文化活动，参加体育活动的人，无论在个人竞技还是在群体比赛中，体力的改善和技能的获得，以及同伴的赞许和肯定，都会使参与者产生积极的情绪和由衷的满足感。长处和弱点的暴露，也同样会使参加者自我意识增强，从而激励自我不断地战胜困难，挑战极限，并在校园体育活动中进行调整，这个过程是促进个性完善和发展的过程，也是校园体育精神的宗旨所在。因而，校园体育精神价值取向就在于促进个性完善。只有满足了个性完善，使之得到全面发展，才谈得上健康，才谈得上适应和创造，才是素质教育的具体体现。

二、体育精神对体育文化的发展所起的作用

体育精神进入体育教学，将促进体育课程改革，一改以往单调而枯燥的传统体育教学模式，采用轻松活泼、形式多样的体育教学方式方法，增强学生的体育意识，促进广大青少年学生的健康、全面发展。因此，体育教学必须以人为本，树立体育精神的观念，让青少年深刻认识参与体育运动的最高价值理念，能够真正科学、有效地投入体育运动中，让体育为他们今后的学习、工作、生活带来终身收益。

（一）体育精神对体育教学的作用

1. 体育精神是爱国主义最具活力的载体和最鲜明的表现

体育作为一种文化，与爱国主义有着天然的联系。每个运动员都有自己的理想、信念和动力，都有自己为之奋斗的座右铭，是中国几代优秀运动员共同拥有的最宝贵的精神财富，那就是为国争光，为民族争气！20世纪30年代刘长春"单刀赴会"；50年代容国团、侯加昌、王文教等一大批有着强烈民族责任感的运动员、教练员从国外返回祖国，为振兴与发展中华人民共和国体育事业作贡献；60年代中国运动员登上世界最高峰——珠穆朗玛峰；80年代洛杉矶奥运会中国体育健儿实现金牌零的突破；90年代中国提出申奥震惊了世界；容国团的"人生能有几回搏"；蔡振华放弃国外丰厚待遇和安逸的生活，毅然回国，在中国乒乓球运动最需要他的关键时刻挑起重振国球的重担，并连创辉煌等感人事迹，无不是为国争光的爱国主义精神在中国体育战线上的生动写照。

2. 激发学生社会情感

由于体育运动具有竞赛性、对抗性的特征，竞赛结果充满不确定性。因此，它不仅能引起广泛的社会关注，还能使人们产生强烈的情感刺激和情感体验，调整失衡心态。因此，体育教师应运用体育课自身特有的教学特点，营造比赛氛围，让学生在不知不觉中意识到人与人之间团结合作、相互理解的重要性，同时激起学生积极向上的心理体验和社会责任感。体育教师通过体育课堂教学中设计的各项有计划、有目的的组织活动，不仅要向学生传授体育知识技能，更重要的是要在潜移默化中培养学生的集体责任感、奉献精神和团队精

神,从而使学生懂得国家利益、社会利益和集体利益高于个人利益。只有具备良好的社会情感,才能成为对国家、社会、集体有益的优秀人才。

(二)提高学生的心理素质和社会适应力

1. 体育有助于培养合作精神

合作是建立在团体成员对团体目标的认识相同的基础上的,在合作的社会背景中个人所得有助于团体所得。现代社会需要合作精神,一个人的力量微不足道,一个人要想在社会中取得成就,就要与他人合作。合作能力既是体育活动参与者必备的素质,也是通过体育活动需要发展的一种能力,体育教学对学生合作精神的培养具有积极的意义。

2. 体育锻炼有助于形成竞争意识

竞争是体育运动的主要特征之一。在体育运动过程中,时时处处都充满着竞争,既有对自己运动能力的挑战,也有与他人的争胜。既有人与人之间的竞争,也有团体与团体之间的竞争。现代社会竞争日趋激烈,努力培养竞争意识和能力有助于学生走出校门、走向社会后能更好地适应社会。

3. 体育精神能够使广大中学生受益终生

高中学生正处于人生最具活力、生气的阶段,活泼好动,勇于尝试。通过对中学生进行体育精神教育,有助于中学生克服怕苦怕累、意志薄弱、任性等缺点。学校体育教学除了培养学生良好的体魄,强健的身体,更要基于学生的体育兴趣,培养良好集体主义精神、拼搏进取精神、竞争精神、艰苦奋斗精神和创新能力等体育精神,使中学生终身受益。

第五节 高校体育文化物质建设

校园体育文化是校园文化和体育文化的交叉,是指在学校这一特定环境里,全校师生在体育教学、课外锻炼、群体竞赛、场馆设施建设等活动中共同创造的物质财富和精神财富的总和。校园体育物质文化是人们通过感官可以感受到的一切物质性对象的总和,是在高校体育发展过程中积累下来的外在物化形式的统称。它包含体育场馆、体育设施、体育器材、体育雕塑、体育宣传设施等。可以说校园体育物质文化建设是高等教育人才培养过程中的重要组成部分。

一、高校体育物质文化建设的现状

（一）体育经费的现状调查

体育经费是高校体育文化最基本的物质保障。根据调查显示，目前多数高校体育经费的划拨视具体需要而定，体育经费的使用主要是购买体育仪器和设备、维护和建设体育场地设施、添置体育服装、器材和体育图书音像资料，春季运动会和冬季运动会的训练、比赛、奖励等。

（二）体育场地设施的现状调查

近年来，高等院校为了加快发展，纷纷加大各个学科的软件、硬件建设力度。体育场地设施作为高等院校校园环境建设的亮点体现了学校办学的综合实力，各校领导越来越重视对体育场地设施的修建和改善。但是，由于高校不断地扩大招生，使本来人均面积就少的体育场馆越来越不能满足体育教学和学生课外体育活动的需要。数据显示，"211"高校的体育场馆数量多、质量好，但是为了延长其使用寿命，许多高质量的体育场馆只能在校队训练或举办比赛时使用，不能作为日常教学的场地。普通高校的体育场馆设施数量较多、质量较好，基本可以满足日常教学和学生课外活动的需要。独立学院和高职高专体育场馆现状较为类似，体育场馆数量较少，使用率却相对较高。

（三）体育运动器材的现状调查

数据显示，多数"211"高校和普通高校的师生认为学校体育运动器材数量较多、质量较好且基本够用。独立学院体育器材的数量和质量稍好于高职高专，基本能够保证教学使用，但是质量较差，限制了教学和训练的质量。另据调查显示，各类高校的体育运动器材主要用来保证教学和训练的使用，并未向学生提供课外体育活动所需的器材，有的师生认为这样的管理并不合理。

（四）体育图书音像教材资料的现状调查

数据显示，"211"高校和普通高校的体育书刊资料基本能够保证教学和学生阅读的需要。独立学院的体育书刊资料质量一般，不能满足大部分学生的需要。高职学校没有体育书刊资料室，体育书刊资料质量差，不能满足师生的需要。调查还显示，大部分高校的图书馆中体育专项书籍较少，且内容比较陈旧，阅读价值小，特别是独立学院和高职院校对体育图书资料的重视程度不高，资料不齐全、管理较落后，为师生查阅体育资料造成困难，给科研和教学带来极大的不便。

（五）体育宣传设施的现状调查

数据显示，四类高校基本都有宣传栏，可以发布包括体育消息在内的各类信息。例如，有的"211"高校有象征体育精神的火炬雕像。这种代表体育的雕塑无声地传播着体育文化，使置身在校园中的个体时刻感受到体育精神的鼓舞。

二、高校体育物质文化存在的问题与不足

（一）体育物质文化发展不平衡

随着高等教育改革的不断深入，高校的各方面建设都需要大量的资金投入。但是，当前高校对校园体育物质文化的资金投入往往被推后或被忽略。而且，由于高校体育物质文化的发展水平受学校所在地的经济发展水平、城市的规模、学校的规模、层次等因素的制约，导致各级各类学校体育物质文化发展的不平衡。在部分经济较发达地区及一些高水平大学、一些新建或新迁校址大学，学校的体育物质文化发展较快。而部分经济落后地区及普通大学、独立学院和高职高专等学校中，体育物质文化发展则相对滞后，表现为体育场馆设施陈旧、体育器材、设施数量不足，体育宣传设施和体育图书资料较少等，满足不了基本的教学及各项群体活动开展的需要。相比而言，"211"高校和普通高校用于体育工作的专项经费相对较多，体育硬件设施较好，教师和学生的满

意度较高。而独立学院和高职高专院校在体育基础设施建设方面明显落后于"211"高校和普通高校,说明独立学院和高职高专院校没有充分重视体育物质文化建设在校园文化建设中的重要性。

(二) 体育物质文化建设理念的偏失

我国一些高校动辄花费几千万元甚至几亿元建造高标准的大型体育场馆,挤占了学校有限的办学资金。还有许多高校只考虑体育场馆的竞技运动功能,而没有将教学、健身、娱乐的理念运用在体育场馆的建设和改造中,结果由于场馆建造标准太高,维护费用过高,只能限制进馆时间和人数,或者采用收取高额费用的办法进行补偿,造成高标准体育场馆的闲置浪费。

(三) 高校扩招对体育物质文化建设的影响

近年来,我国高等教育大力倡导多种教育形式并存的形式,特别是加强独立学院和高职高专的教育投入力度,这无疑为我国高等教育事业的发展带来了新的机遇和挑战。一些学校易地重建或加强校园基本建设,规划和设计新的体育场馆设施,这无疑实现了校园体育物质文化建设跨越式的发展。但是,大多数高校只能挤占有限的体育活动场地来满足扩招后的教学和生活用地,使有限的体育活动场地满足不了日益壮大的学生团体的运动需求,给高校的体育课教学和其他体育活动的开展带来了诸多影响。新建体育场地设施由于涉及政策、征地、资金、工期等因素,短时难以弥补扩招带来的供需矛盾,这种现象在独立学院和高职高专院校中表现得尤为明显。

三、高校体育物质文化发展策略

(一) 改变观念,加大高校体育物质文化建设力度

各类高校应根据自身的实际情况加大校园体育物质文化建设的力度。这不仅仅是要加强体育硬件设施建设,而且还要挖掘硬件设施中蕴涵的人文价值。体育场馆、塑像、宣传栏等物质载体本身就是一种文化现象,它凝聚着创造者的智慧,体现着他们的价值观。这些外在物质实体所承载的文化内涵对学生的

思想起到了良好的陶冶作用。而且，在进行校园体育文化建设时，应该坚持继承原则、不断创新和发展、吸纳中外体育物质文化的精华，体现出时代、民族的特点和教育的特色，使体育硬件设施建设不仅体现现代化、高科技的特点，更能成为弘扬民族和传统文化的载体。

（二）实现多元化发展，使社会效益与经济效益有机结合

学校应向广大师生提供大量充足的体育活动场地设施，以便他们拥有健康的身体、旺盛的精力和良好的健身习惯，更好地投入教学和学习中。这样健康向上的学生毕业后，走向社会和工作岗位，不仅会对社会作出更大的贡献，而且会提升高校的声誉，吸引更多的优秀人才到高校中来。在此基础上，在课余时间把闲置的体育场地通过有偿服务的方式面向社会开放，吸纳一部分资金用于维护和管理场地，可以有效地缓解体育经费不足的压力，实现社会效益与经济效益相结合的目的。

经典范例

苏南新农村体育物质文化的建设研究分析

自中华人民共和国成立以来，党和国家领导人都十分重视我国农村的建设和发展。党的十六届五中全会作出了建设社会主义新农村的重大战略决策。党的十七届五中全会提出了加快社会主义新农村建设，构建农民幸福生活的美好家园。2014年，中央农村工作会议首次提出"人的新农村"。江苏苏南作为我国现代化建设的排头兵，苏南人民在物质生活已经有了极大提高的基础上，毫无疑问，对丰富精神文化生活的愿望和需求愈益迫切。近年来，国家相继出台的一系列文化建设的政策措施，为文化建设创造了有利的环境条件，也使苏南新农村体育文化建设获得了良好的发展契机。

（1）苏南新农村行政村体育场地与设施情况。

随着苏南新农村建设的不断推进，农民的生活方式已经发生了深刻的变化，城镇化的生活方式已经进入农村，农民也有了很多的业余时间，这为他们追求更高的精神生活提供了条件，而体育锻炼无疑是第一选择。据调查，目前苏南村民对体育场地设施满意率达64.2%，不满意的仅有14.3%，没法说的为21.5%。就太仓而言，目前镇级文体活动中心建设率已达100%，中小学体育场

建有率达100%，高级中学体育馆建有率达100%，学校体育设施向社会开放率≥80%，各级政府结合城区公共广场、大型绿地改造建设，增设全民健身活动场地设施，开设篮球、排球、广场舞、健步走、羽毛球、乒乓球、扇子舞、门球、太极拳等项目的场所。这些场地设施不断完善，为新农村体育活动的开展提供了硬件支持。

（2）苏南新农村行政村场地设施利用情况。

随着苏南经济和城镇化建设的不断发展，苏南新农村体育设施在政府的重视下，基本能够满足新农村村民的需要。各行政村均建成体育中心、健身公园等运动设施。对村民到健身公园锻炼的情况进行调查，了解健身公园使用情况，经常去的占42.2%，偶尔去的占28.3%，很少去的占20.8%，不去的占5.1%，不清楚的占3.6%。从村民去体育公园的频率来看，新农村体育公园的使用率比较高，但调查还发现，有部分体育设施使用频率比较低，如健身房，主要是一些年轻人去得比较多一些，而一些年长者基本不去，这与健身理念有一定的关系。

第五章　高校民族传统体育文化发展的战略性研究

纵观近百年以来民族传统体育在我国学校教育中的发展，它既受到我国近代化、现代化进程的影响，也受到西方文化的影响。民族传统体育在中国近代化、现代化重构进程中，不断地作为中华民族崛起的独特的"文化符号"被唤醒与构建。它在不同时期呈现出不同的运行轨迹，在这一进程中呈现出前进与停滞、高峰与低谷、稚嫩与成熟的相互交替的发展态势。在提倡民族文化的弘扬和传承的今天，国家鼓励和支持优秀的民族传统体育进入学校，使学校成为传承民族体育文化的载体之一。

第一节　高校民族传统体育教学的现状及其成因

一、高校民族传统体育教学的现状

（一）民族传统体育的教学理论现状

现阶段，广大青少年从小接受"现代"体育的影响，比较愿意参与足球、篮球、乒乓球等运动，这就导致许多体育教育部门的领导、教师甚至学生都认为民族传统体育属于可有可无的非主流文化。民族传统体育在学校体育教育中的地位不高，没有受到应有的重视，因此，我国学校民族传统体育教学理论研究发展缓慢。

学校的上级领导部门（相关职能部门和单位）对学校开展民族传统体育教学缺乏应有的关注，对当前学校的师资培训、课程设置、教学理论建设等方面都缺乏支撑和管理。尤其缺乏对学校民族传统体育的人文关怀，使当前学校的民族传统体育应有的文化感染力和学科价值不断被削弱，同时制约了学校民族传统体育课程资源的开发。在体育教学研究方面，大多数教师缺乏主观的内在驱动力，很难将精力放在对民族传统体育文化历史沿革、发展处境、文化内涵、规则演变等内容深入的研究上，导致研究内容片面、单一、浅显，缺乏系统性、针对性。这点通过检索中国学术期刊网全文数据库中关于民族传统体育的相关学术著作的数量上就可以了解。如12所高校体育部教师在2007—2009年，3年时间里发表的体育类论文合计149篇，其中关于民族传统体育的论文有11篇，比例仅为7.38%，11篇中有关教学研究的仅为3篇（均为武术教学方面）。

（二）民族传统体育的课程设置现状

相关职能部门和单位对于民族传统体育相关的师资培训、课程建设和教学、文化建设等方面往往处于放任自流或草草应付的状态，使本就在传播和普及方面受限的民族传统体育的影响力越发被削弱，难以感染和激发学生对民族传统体育文化的热情，制约了课程资源效能的发挥。大多数学校不够重视我国民族传统体育项目的教学，在课程设置方面多以选修课的形式开设，课程多设置在大学第二学年，且教授的课时较少。

值得肯定的是，各校民族传统体育课程中教学内容的设置突出了以学生为主体进行教学。在课程设置中，重点分析不同学生所喜欢的民族传统体育项目，集中开设大多数学生喜欢的项目进行教学，在民族传统体育课程的设置上充分考虑男女学生的不同项目需求，以及不同学生的娱乐、健身、养生等的不同需求。

（三）民族传统体育的教材现状

教材是体育运动教学的内容体现，也是开展教学工作的依据。通过对我国学校民族传统体育类教材的调查研究发现，相关体育教材的来源主要有统编教材、本校自编教材、统编自编教材相结合、无统一要求（教师自己掌握）四种情况。其中本校自编教材和由教师自行掌握两种教材都会使教学存在很多不确定性和非标准性，这显然不利于相关学科教学的开展。

调查显示，在设有民族传统体育项目的60所学校中，有56.7%的学校选择的教材是自编或与他校的合编教材。30%的学校会使用自编教材，一般来讲，使用自编教材的学校规模较大，办学时间较长，师资力量较为雄厚，有条件和实力结合本校的教学特点和所设课程内容编写出较高质量的符合教学实际的教材（如北京大学、南开大学、天津大学、中央民族大学、海南大学、广西民族大学等学校）。学校无统一教材，教师自己掌握教学内容的学校占调查学校总数的25%。

另据调查显示，目前我国开展民族传统体育教学的学校的教材内容绝大多数以《大学体育》《大学体育教程》《大学体育与健康》《大学理论教程》《体育与健康》等命名。这类教材多少是在学校体育的总框架中编写而成的，内容涉及田径、球类、体操、健美操、武术等主要体育运动项目。知识范围广，综合性较强，民族传统体育教学内容非常少。该类教材虽然在传统的学校体育教学教材的体例和内容上有新的突破，理论上满足了2002年以后学校民族传统体育教育理念和课程改革的需要。但是民族传统体育部分仍然存在许多问题，具体如下。

（1）涉及的民族传统体育运动仅有武术或仅以武术为主，缺乏其他运动的介绍和学练方法，致使给人一种民族传统体育就等同于武术的概念。

（2）在套路内容上总是围绕初级拳三路、初级剑、初级刀和简化太极拳等常见项目。

（3）武术理论内容较为陈旧且缺乏更新的观点，仍未能突破体育教育专业武术学科理论内容。

（4）教材中涉及的民族传统体育项目教学方法和教学指导方式单一、枯燥，缺少健身性、娱乐性、趣味性较强的民族传统体育练习方法。如此较难调动学生对此学科的主观积极性，使学生不愿看教材，对该运动不想学。

因此，民族传统体育运动的教材不能长期保持这种状态，而是要随着相关理论的创新与时俱进地发展，多多参考学生对学科教学的意见和学习需求。尤其是对于认知能力和理论层次较高的大学生来讲，理论内容显得单薄和滞后，这与增强学生民族体育意识、养成锻炼习惯和提高民族传统体育锻炼能力以及在高校传承民族体育文化的目的存在着较大的差距。

（四）民族传统体育的教学内容现状

通过调查，发现几乎所有学校开展的民族传统体育教学中都不会缺少武术。武术作为我国民族传统体育运动的代表在国际上有着极高的知名度，而且在强身健体方面也有着独到之处。因此，在学校民族传统体育的教学内容中包含武术是合情合理的。但问题是，武术课程几乎已经成了民族传统体育教育的全部，以至于让人有民族传统体育等同于武术的错觉。教学内容过于单一，这就值得有关部门思考了。再加上由于部分学校的民族传统体育教学目前还处于初级阶段，开展项目还比较少，相关师资力量较为匮乏等因素，还有一些学校只是开设了民族传统体育、体育养生学等理论课程，还没有开设民族传统体育实践课。

在经调查的学校中90%开设了民族传统体育项目教学，以武术类项目的教学占绝大多数。调查发现，目前民族传统体育课出现的项目共计42项民族传统体育项目。其中，包括武术类18项，占学校民族传统体育开设总项目数的42.9%；养生功法类2项，占学校民族传统体育开设总项目数的4.8%；民俗体育类5项，占学校民族传统体育开设总项目数的11.9%；民族体育类17项，占学校民族传统体育开设总项目数的40.5%。

如果对我国高校民族传统体育的教学内容进行归类，大体可以分为武术类、养生气功类、民俗体育类和少数民族体育类。由此可以看出，并非是我国民族传统体育项目较少，恰恰相反，我们拥有如此丰富的项目，因此在未来的发展中应该注重教学内容的全面、广泛涉及、平衡发展。

总体来看，我国学校民族传统体育教学内容呈现出以下两个特点。

首先，武术类项目是学校民族传统体育教学的主体，其他民族传统体育项目的教学不够普及和完善。

其次，一些学校开设的武术类项目的教学内容陈旧、专业性强，即便是学生感兴趣，也因可操作性差而使该类课程开设后选课的学生较少不能成班，一些项目的教学面临着停开状态。学校在开展民族传统体育的过程中，体育教师对每一个运动项目的名称、特点以及学习目标、技术分析、动作要点等内容的研究不够深入，教学内容没有凸显出实用性、趣味性和科学性。

（五）民族传统体育的场地设施现状

大多数民族传统体育项目对于场地和器材的要求不高，即便是需要一些器材也都较为简单，如毽球、跳绳、跳竹竿、武术、拔河等，对场地的要求更是简单，一片空旷的室外或室内场地即可。也正因如此，在学校建立体育场所时往往就忽略了对民族传统体育场地这一重要硬件设施的完善。实际上，民族传统体育中的很多项目有蹦跳、翻滚的动作，所以，为了保证教学的安全性还应该有针对性地购置一些适当的器材来完善运动场所，如购置足够大的可移动式的海绵垫、大面积可卷曲移动的便携式地胶等。

我国民族传统体育教学中体育场地建设落后，具体表现在两方面：一方面，我国民族传统体育项目器械相对简单，对场地没有特殊的要求。另一方面，学校教育资金有限，对体育教育的投资较少，尤其是对竞技类民族传统体育项目的投资基本上不予考虑。因此，学校忽略了对民族传统体育场地这一重要硬件设施的完善。

一所学校的体育场地和设施水平是衡量其体育运动教学水平的标准之一。优良的运动场地和完善的运动器材可以激励学生参与运动的动机。根据调查发现，越来越多的学校开始重视体育场馆的建设和完善，但即便如此，也极少看到专门用于开展民族传统体育教学的场地，即使是开展民族传统体育项目较好的学校，其武术教学场所一般也是在体育馆内或舞蹈教室进行。毽球场地则选择在羽毛球场地进行，非专业化的、不稳定的运动场地显然无法保证学生在课后进行练习和锻炼的质量。

（六）民族传统体育的师资队伍现状

自2001年推行新课程改革以后，我国高校体育课改变了以往公共课式的教学模式，选择性教学应运而生。由于多数学校的民族传统体育教学刚处于起步阶段，因此专门的师资力量较为匮乏，其授课教师的授课内容也几乎以武术为主，甚至一度让学生认为民族传统体育就等于武术。具体而言，教师队伍的现状如下。

首先，师资的教学经验不足，当前学校民族传统体育教学的授课教师缺乏足够的实践教学经验。

其次，师资的专业性有待加强，当前学校民族传统体育教学的授课教师也大多数是以武术专业为主的教师，还有很多授课教师是从其他专业项目转过来的。据对广东省各学校的调查发现，从事民族传统体育项目教学的教师中，专业教师的比例为42.8%，而非专业教师的比例为57.2%。另据一项对宁波市12所学校的调查显示，在从事民族传统体育项目教学的教师中，只有15位民族传统体育专业的体育教师，有20%授课教师在工作后才开始接触民族传统体育项目的教学。

二、当前我国高校民族传统体育现状出现的成因

（一）民族传统体育无法摆脱原生形态

当前，民族传统体育在高校的发展速度比较缓慢，在很多的高校中也是仅作为学生的课外活动内容。这种长期持续的发展现状，使得民族传统体育依然处于原生形态，致使当代大学生更倾向选择较为时尚的现代体育进行健身和娱乐。

此外，民族传统体育是在天然经济时代或自然经济时代产生的，而相较于城市和经济发达地区，农村地区和民族地区在经济、科学、文化等方面都比较落后。从而使许多传统体育项目至今没有摆脱原生形态或次原生形态的深刻烙印，还带有浓郁的文娱色彩，并与舞蹈、杂技以及节目庆祝浑然一体。因此，从严格意义上来说，这些民族传统体育项目仍然处于准体育时代。另外，由于现代体育的冲击，使得我国很多高校将发展竞技体育作为提升自身品牌的手段，进而使民族传统体育项目的发展和开展更为不平衡。

（二）教学改革目标不明确，以运动技术为中心的旧课程体系仍占主导地位

从现状来看，我国高校体育教育的发展取得了一定的成绩，但是就社会主义市场经济的新体制来说，现今的高校体育教育还不能完全地适应其要求。在素质教育中，高校教育以全面提高学生的素质为最终目的。从高校体育的角度来说，素质教育主要任务是使学生树立终身体育的观念，使其具备高尚的体育道德情操与一专多能的业务能力。不断增强学生健身意识，并掌握科学锻炼身体的方法和技巧，使他们继续保持在校期间身体锻炼的近期效益，并能够向终身体育的远期效益进行转化，最终促进其身心健康的全面发展。当前，虽然我国高校体育教学改革已经从以运动技术为中心的旧格局转变为以增强学生体质和健康第一，并将其作为教学的指导思想，但从现实的状况来看，高校体育教育的培养目标、课程设置、管理模式等多个方面，仍很大程度地存在着传统思想的烙印。在高校体育教学改革中，并没有将教学改革目标与具体操作的内容

结合起来，仍未打破以运动技术为中心的旧格局，民族传统体育仍然很难进入现代体育教学的课堂。学生毕业时往往会感到学到的没有用处，产生了所学非所用的严重脱节，这种现象与时代的需求是格格不入的。

（三）民族传统体育的经费投入和场地器材匮乏，且缺乏专业的体育教师

高校体育教育是国民体育的一个重要组成部分，是实现终身体育的关键。近些年来，我国教育部和国家体育总局等部门先后出台了多项关于民族传统体育发展的政策，这些政策的实施对推动民族传统体育的发展具有积极的作用。但从实际上来看，由于一些因素的影响，比如资金投入不到位等，使从事民族传统体育教学的专业体育教师严重匮乏，对民族传统体育的研究更是很难深入。如今，在很多高校的民族传统体育教育中，民族传统体育也只是作为一种课外活动内容来进行。从这些状况来看，高校体育教育对民族传统体育仍未引起足够的重视，这些都严重制约了高校民族传统体育的发展。

从当前我国高校民族传统体育开展的现状来看，高校在开展民族传统体育的过程中，应对人力和物力的组织工作加以重视，做好民族传统体育相关教材的编写工作，并对每一个运动项目的名称、特点以及学习目标、技术分析、动作要点等内容进行深入细致的研究，使教材不但能将民族传统体育的民族性和实用性凸显出来，而且能富有趣味性和科学性。此外，高校体育工作者应当根据实际需要，到少数民族地区进行深入学习，向民族传统体育专家虚心请教，学会民族传统体育运动项目的技能与技巧，以便提高教学质量，满足教学的需要。

（四）西方文化的冲击

奥林匹克运动正风靡全球，这给我国民族传统体育的发展带来极大的影响。民族传统体育在与西方体育交流、融合的过程中，高校学生的心态也发生了变化。体育事业的绝大部分被西方竞技体育所占据，此外，体育统一标准在一定程度上驱使我们用西方竞技体育的眼光去看待我们的民族传统体育。在体育课程的学习中，学生们把大部分的精力放在了田径类的竞技体育上，而民族传统体育仅仅被视为一种娱乐方式。民族传统体育缺少一种无形的推动力，让同学们长期坚持这类运动，从而使得民族传统体育更加难以推广。

(五)传统体育教育模式对普通高校体育教育的影响

目前,从总体上来看,我国高校体育教育的发展速度比较快,发展面也比较广,但是仍然有很多高校以"竞技运动"的教学模式为重点,不重视民族传统体育。在这种情况下,学生很难树立民族传统体育意识,认为学习民族传统体育与现实生活的发展没多大关系,基本上没什么用处。正是由于学生和老师都把心思放在了以技术为核心的课程体系上,使民族传统体育与体育教学产生了脱节现象,由此就产生了学校体育被竞技体育占据阵地、民族传统体育项目少、教学实施力度不到位、学生不配合等问题。

(六)缺乏经过专业培训的民族传统体育教师

由于多方面因素的影响,使得专业从事民族传统体育教学的教师非常少,从事民族传统体育专项研究的教师更是寥寥无几。在一些高校中,从事民族传统体育教学的教师往往是"兼职"老师,而民族传统体育也仅仅作为一种选修课程或兴趣爱好供学生们学习。这种教师资源的稀缺性对民族传统体育在高校的发展有着严重的制约性,难以形成学术群体。而民族传统体育理论基础的薄弱又使其缺少良好的学术环境与氛围,有关知识的更新比较慢,这些都严重影响了高校民族传统体育的发展。

(七)高校内可供大学生选择的民族传统体育项目较少

高校在选择民族传统体育教学项目时,往往是以教师的水平以及学校的条件为依据,在这种情况下,只有极少数的民族传统体育项目被选为教学项目。从而导致学生的选择空间较小,自主性和随意性不强,很难营造一种轻松愉快、生动有趣的学习氛围。在这种学习氛围下,学生缺乏主动性,给民族传统体育在高校的发展带来困难。

第二节 高校民族传统体育教学的原则

高校民族传统体育教学中,应遵循的特殊教学原则主要有以下几个方面。

一、地域性原则

我国民族传统体育项目的地域性特点是较为显著的，不同项目之间存在着较大的差异性。因此，在民族传统体育教学过程中，教师应因地制宜，以本土民族传统体育项目为主，将本地师资力量的优势充分发挥出来。在此基础上，不断拓展其他民族传统体育项目教学，使学生广泛地了解和掌握我国民族传统体育知识和技能。由于各类学校的实际情况与地域分布均存在较大差异，因而我国民族传统体育地域性特征是民族传统体育教学要充分考虑的因素，学校开展民族传统体育教学要遵循因地制宜原则。最实际的方案就是把本民族或本地区的传统体育项目作为教学重点，因地制宜不仅可以使本地的师资力量得到充分发挥，还可以准确地规范民族传统体育项目的技术和战术教学。技战术规范教学有利于带动本民族传统体育的发展，形成良性循环。学校还要根据自身的条件适当地增加民族传统体育理论与实践方面的教学内容，使学生对民族传统文化知识和运动技能的了解更丰富。

在体育教学中，动作的规范性是教师教学的基本特点。而民族传统体育由于受到不同种族和文化因素的影响，具有较强的民族特色。因此，在进行民族传统体育教学时，教师应着重强调学生学习时的动作规范性，可以有效避免因为动作不规范而使其失去项目本身的民族特色。例如，武术中的南拳和太极拳项目，它们之间的动作特点就存在较大差距。源于我国南方的南拳，继承了南方人作风严谨、动作细腻的特点，动作刚劲有力、步法稳固。而太极拳则透露出中原人的沉稳和机智，动作刚柔相济、轻灵缓慢。因此，在民族传统体育教学过程中，注重动作规范性和民族特色，是学习、掌握和领悟民族传统体育的又一重要教学特点。

二、培养骨干原则

培养民族传统体育骨干人才对于促进我国民族传统体育的可持续发展是较为有利的。在现代民族传统体育教学过程中，学校教育是培养民族传统体育骨干的最主要场所，通过学校教育来培养民族传统体育方面的骨干是非常重要的途径之一，要引起足够的重视。因此，这就要求教师在教学中要加强民族传统体育知识、技术和技能的全面、系统教育，使之成为民族传统体育方面的通才，并根据学生的具体情况有意识地发挥其技术特长，使之成为某一民族传统体育项目的精英。

三、兼收并蓄原则

民族传统体育的教学可以将很多传统教法中的优秀成分吸收进来。具体可以从以下几个方面入手。首先，相近学科的成功教学方法可以借鉴使用。比如，武术项目中的悟性教法能够将学生的潜能充分发挥出来，同时还能帮助学生深入领会技术。因此，教师可以针对技巧型的项目，鼓励学生积极动脑，通过合理利用自身多种感知提高技术。其次，其他学科成功的教学经验也可以借鉴使用。例如，学导式教法形式主要是先让学生进行自学实践，然后进行自我总结，最后通过教师的指导形成有一定程度的理论。这种方法对于培养和提高学生的学习能力是有一定帮助的，同时也为学生自主学习民族传统体育新知识和新技能奠定了坚实的基础。

四、创新性原则

创新是事物发展的根本推动力，因此，创新性原则是民族传统体育教学必须遵守的原则之一。目前，被全国民族运动会采纳的民族传统体育项目都有不同程度的创新，为我国部分民族传统体育向全球传播奠定了基础。但应注意的是，在对我国部分民族传统体育项目进行改造和创新的同时，应保持其原有风格特点，保留和保护蕴含民族意识和民族情感的内容，使其向更合理、科学与规范的方向发展。

五、形式多样原则

民族传统体育教学要遵循形式多样的原则。因为我国民族传统体育项目种类繁多、形式多样，所以在具体教学中可以进行广泛的选择。在民族传统体育教学中，教师应从学生的性别、兴趣和技能等特点出发，选择形式多样的民族传统体育项目教学内容，这样有利于提高学生学习民族传统体育的热情，为学生指引正确的学习方向。教师可根据实际教学情况，将具体项目的知识、技术和战术使用不同形式传授给学生。教师首先可以让学生掌握有关项目的基本内容，再逐步将多种同类技术展示给学生，学生可以按照自身的兴趣和能力选择学习内容，这样可以充分考虑到学生的个性差异，实现有效的个性化教学。

在教法手段上，教师也可以用多种形式对同一技术实施教学，即用不同的教法把同一技术传授给学生，这样有利于学生多方位准确地掌握技术动作。在民族传统体育教学中，以学生为主体的教学方法是教师要格外重视的，以学生为主体的教法可以使学生的学习潜能得到极大地发挥。

在民族传统体育项目教学中，除了运用常规教学方式外，还可采取一些现代教学方法，这样的教学效果更为明显。例如，把民族传统体育项目利用多媒体技术刻制成教学光盘，使用多媒体手段进行传授，一方面有利于解决师资力量不足问题，另一方面也激发了学生学习的积极性。

六、技术与文化融合原则

民族传统体育不仅具有较强的健身娱乐价值，而且还具备一定的文化教育价值。它在数千年的历史发展过程中，受到了许多文化思想的熏陶和影响，成为我国民族传统文化传播的一个文化载体，同时也让其拥有了浓厚的民族传统文化特色。例如，武术运动中的太极拳项目，教师在教学过程中，不仅要帮助学生掌握太极拳的基本套路动作，而且还要帮助学生在太极拳柔和缓慢的练习中提高心理素质，帮助学生形成积极向上的性格以及平和的心态。因此，将民族传统体育项目的技术教学与文化教学相融合，可以有效地提高学生的身心健康，也能为我国学校体育教育事业的新发展作出贡献。

第三节 高校民族传统体育教学体系的科学构建

一、健全学科体系，丰富文化内涵

学校具有自身的功能与优势，其主要责任表现为汲取各民族传统文化精华、促进民族团结、培育人才与传承文明等方面。随着现代社会休闲时代的来临，传播并倡导区域性传统体育活动，使之成为不同区域和人群的健身方式，将对人们的健康产生非常大的促进作用。在现代社会经济条件下，学校有义务为所在地的经济、社会和文化的发展服务，各相关职能部门要根据当地的实际情况，有针对性地制定各种政策，采取各种相应的措施，建立和健全民族传统体育在各个学校的发展机制，从而使其在学校体育发展中应有的地位得到有力保证，使各学校开展民族传统体育教学与训练的积极性得到有效调动，为尽早形成有利于我国民族传统体育发展的良好的学校体育文化氛围创造有利条件。

民族传统体育学科体系的建立与完善，主要从两个方面得到体现。一方面，现代科技的迅速发展使许多先进的科学技术逐渐在体育教学中得到广泛的应用。民族传统体育教学对现代科学技术的引进和吸收能为逐步建立起一个完善的民族传统体育研究的学科体系，为民族传统体育在新时期的发展奠定了坚实的基础。另一方面，现代民族传统体育的教学是一门综合学科的教学，涉及的内容较为广泛，其中主要表现在文化学、民俗学、民族学、体育学等各个方面。这就需要不同领域的学者进行合作研究，要求民族传统体育教学工作者坚持用严谨的科学态度和方法对民族传统体育进行甄别、选择和分析。因此，建立健全民族传统体育教学学科体系对于民族传统体育教学工作者更好地组织和实施教学有着非常重要的意义。

现阶段，从民族传统体育的文化内涵中全面深刻地分析、探寻民族传统体育的本质特征，用现代的理论对民族传统体育中一些古老的命题进行诠释，赋予其新的内涵、新的意义，再结合现代体育的组织形式，对民族传统体育进行整合，体现民族传统体育的民族性和世界性，能促进我国民族传统体育的真正复兴和发展。

二、强调终身体育，推进课程改革

对学生进行体育教育的目的并不是单一的，而是综合的，不仅要达到强身健体的目的，还要对学生"终身体育"意识的养成起到积极的促进作用。"终身体育"思想的形成，能够促使人们形成良好的体育健身的习惯，对身心的发展以及和谐的人际关系的形成起到积极的促进作用，对社会的发展产生有利的影响。因此，对高校民族传统体育教育来说，要始终贯彻培养"终身体育"思想，从而为高校民族传统体育课程改革起到一定的推动作用。

我国将民族传统体育项目教学纳入各级各类学校的体育教学的时间尚短，因此，我国民族体育教学课程建设的完善程度还相对较低。从我国高校体育教学的现状来说，年限较短是我国各大高校的体育课都存在着的一个重要问题。因此，这就要求采取相应的措施来对此进行改善。比如，可在适当延长大学本科体育课年限的基础上，对高年级的学生采用必选课的形式进行教学，并以学分制的办法进行管理。另外，发展一些体育健身俱乐部有利于增加学生进行民族传统体育学练的时间，对于学生扎实地掌握锻炼方法以及确保民族传统体育在高校开展的效果也是有帮助的。推进现阶段我国民族传统体育教学课程改革是非常重要且必要的，其重要意义主要体现在激发学生的学习兴趣、促进民族传统体育的发展、加强不同学校的民族传统体育教学特色等各个方面。

三、加强教材建设，不断丰富内容

作为进行教育的基础，教材是非常重要的。目前，我国中小学、各大高校实施的都是教育部、国家体育总局组织专家编写的全国统一的民族传统体育教材。加强民族传统体育教材的建设，创编优秀民族传统体育系列教材，对于我国民族传统体育文化的传承和发展是非常有利的。这就提出了以下几个方面的要求：首先，民族传统体育教学教材编写的科学化和系统化程度应该进一步提高，在编写内容上要力求创新，创编具有丰富攻防内涵的精简套路，完善和充实武德教育、传统文化教育以及健身机理等理论内容。其次，应广泛吸收具有浓郁地方特色的民族传统体育及民族体育，将民族特点充分体现出来。最后，还要对我国民族传统体育的国际化发展引起足够的重视，可将具有代表性的项目编写成双语教材，供各国的留学生和华侨生学习，从而使东西方文化交流得到积极的促进，使我国民族传统体育在世界体育文化中的地位得到有效的提升。

四、重视人才培养，增进文化传承

对于文化传承来说，最基本的保障就是人才。当前，我国的民族传统体育教育存在着人才紧缺的现象，这在很大程度上制约我国民族体育事业的发展。因此，这就要求各地区的体育局、教育部和文化部门应密切配合，一方面应有计划地培养一大批民族传统体育干部、体育骨干和体育教师，另一方面应用多渠道、多形式的方法培养多种层次的民族传统体育人才，逐步扩大高等体育院校招收民族学生的名额或开设民族传统体育班积极培养民族传统体育后备人才。

加速民族传统体育师资建设，增强民族传统体育的师资力量是促进民族传统体育在学校体育中普及与提高的必要措施。从当前的情况来看，我国学校体育中的民族传统体育的人才匮乏，师资力量薄弱。具体而言，可以通过以下三个方面来加强民族传统体育师资力量的培养。

（一）建立民族传统体育学科

随着社会的不断发展与学校体育教学改革的日益深化，以及体育教师自身追求和谐完美发展需求的日益高涨，在学校建立民族传统体育学科，增强民族传统体育师资力量就成为民族传统体育教学进一步发展的必由之路。具体就是培养具有专业经历的民族传统体育教师，鼓励体育教师能够将其知识和经验熟练地运用到实践中来。

（二）提高教师的理论知识和实践水平

体育教师在传授民族传统体育文化中起到主导作用，体育教师指导、鼓励并评价学生对民族传统体育知识、民族传统体育技术的学习和掌握情况。体育教师的职责不仅是把我国优秀的民族传统体育文化传授给学生，而且应该培养学生树立起关注身心健康、增强体质是一种社会责任的观念，并指导学生通过学习民族传统体育达到科学健身的效果。因而发展学校民族传统体育师资力量，需要提高现有教师的民族传统体育理论知识和实践水平。具体可通过各种培训班、学习班、研讨会等形式来提高民族传统体育教师的专业技术和理论水平，为我国民族传统体育的继承与推广工作创造条件。

（三）学校适当聘请民间艺人教学

目前，许多民族的传统体育文化面临着失传、消亡的现象。学校作为培育人才的主要阵地，应该积极探索民族传统体育文化的师资培养方式，从而提炼出民族传统体育文化教育资源的传承模式。学校可以利用民族传统体育文化课、特色活动和课外活动等实践聘请民间艺人给学生授课，也可以对民族传统体育教师进行授课，还可以把现有的民族传统体育方面的一些专家培养成我国学校民族传统体育教学的一批新的体育教师，使之能够成为今后学校中的民族传统体育教学的师资骨干。

五、增加民族传统体育教学经费投入

当前，半途而废、中期流产的现象在我国民族传统体育课程开发过程中

普遍存在。主要原因有课程开发实验得不到支持、实验条件不能满足、经费不足、研究人员与实验学校不能协调等。有些学校领导听到一些负面评价就对课程开发失去信心，便开始减少经费投入、撤销科研人员，甚至停止开发课程。由此可见，资金短缺在很大程度上限制了民族传统体育在学校中的发展，因此要加大民族传统体育课程建设的资金投入。增加民族传统体育教学经费投入要做到以下几点。

（1）要保证重点民族传统体育项目的资金投入力度，重点发展比较成熟的民族传统体育项目，从而能够从整体上带动民族传统体育项目的发展。

（2）要兼顾一般民族传统体育项目的资金投入，并使其也能得到开发和发展。

（3）注意改善民族传统体育的场地和设施状况，在未来体育场馆的建设中考虑增加民族传统体育场馆，从而在一定程度上满足民族传统体育教学的需求。

第四节　我国民族传统体育教学改革的历史进程

一、晚清时期学校教育中的民族传统体育（1840—1911年）

（一）癸卯学制颁布

1. 民族传统体育在洋务派学校的开展

从1861年底（清咸丰十年）到1895年，清政府开展了以"自强""求富"为口号的洋务运动，"中学为体，西学为用"成为那时期进行各种改革的指导思想。因而，这一时期的洋务教育不同于传统的封建旧式教育，主要表现是内容上增加了西文和西艺课程。

洋务学堂的建立，对我国新型学校的建立起到了承上启下的桥梁作用，改变了旧式学堂的办学风格。

洋务派创办的学堂，在课程的设置上是体现清政府的意志。在"中学为体，西学为用"的办校宗旨引领下，学堂体操课以普通体操和兵式体操为主，由于考虑到武术具有的军事价值，一些学校也将武术、摔跤作为教学内容。

2.民族传统体育在资产阶级维新派学校的开展

一百多年前,我国面临着被帝国主义列强瓜分的危机。为了改变被欺凌的窘境,由光绪皇帝和一些具有资本主义思想的知识分子发起了一场维新运动,即"戊戌变法"。其代表人物有康有为、梁启超、严复等人。这场运动在文化教育方面提出了一些改革思想,如宣布废除科举、兴办学校、开设报馆、翻译西方科学文化等。但在封建顽固派的镇压下,维新运动不过百日便失败了。维新运动虽然时间短暂,但为癸卯学制的产生打下了一定的的基础,同时维新派也提倡体育教育,促使体育作为一门分科课程而独立存在。

1878年由张焕伦等在上海成立的正蒙书院(1902年正名为梅溪学堂),于创办之初有学生四十余人,教科为国文、经史、时务、格致、数学、诗歌等门,为了适应环境学校添加了英法文,特别注重体育,令诸生分日轮习军事、拳术等项。张在新在《先哲兴办梅溪学堂事略》中这样写道:"举德、智、体三育而兼之……与夫练习武之术,有击球、投砂壶、投壶、习射、蹴鞠、超距、八段锦诸课,分日轮流练习。"

康有为《大同书》中对小学、中学、大学的教育目标、任务、内容、学生年龄等各方都进行了详细的描述。其中对小学院、中学院、大学院的学生参与体育活动的意义、方式、方法等方面做了详细的说明,阐述了体育在学生的各学习阶段的重要性。1891年康有为在广州长兴里开堂收徒,这个学堂叫"万木草堂",是大学性质。学堂开办了四年,培养出了一批具有维新思想的新人。维新运动领导者之一的梁启超,就是万木草堂的学生。据梁启超说,康有为在长兴里万木草堂时,制定有"长兴学说"系统表,表明了他的德、智、体三育并重的教育思想。

梁启超受到自己老师康有为的影响,重视学校教育对于开民智的重要意义。康有为在《学校总论》中写到"亡而存之,废而举之,愚而智之,弱而强之,调理万端,皆归本于学校",进而又在《积弱之源于风俗者》文中写道:"有智慧则能长其志气,有智慧则能增其胆识,有智慧则能美其合群之治。集全国民之良脑,而成一国脑,则国于以富,于以强。"梁启超认为通过学校的教育以使民有智慧,民有智慧则国家强盛,由此可见他对学校教育的重视程度,其体育思想在其论著中都有所体现。如在《论幼学》中,他认为小学生要以多参加体育锻炼为主,文化学习的时间不要太久,这符合小学生好动的性格特征,开民智要建立在强壮的身体之上。

维新派提倡德、体、智三育并重的教育思想，将体育在学校教育的地位摆到了应有的位置，并由古代到现代、从国内到国外，分析武术在安邦定国中的重要作用。维新派认为国之积弱在于国家政治导向，国家对武术的偏见导致文弱之风肆起，武术在强国战略中的作用不言而喻。因而，维新派体育教育思想对于学校开展民族传统体育具有一定的推动作用。

（二）壬寅学制《钦定学堂章程》、癸卯学制《奏定学堂章程》

戊戌变法失败以后，光绪帝在百日维新颁布的改革命令被西太后废除。由于维新思想的影响，变法前后开办的公私立的学堂，不仅继续存在，而且许多的私立学堂也如雨后春笋般崛起。在内忧外患的逼迫下，清政府在教育上不得不做出一些举措。光绪二十八年（1901年），清政府在教育方面颁布了兴学诏书，对大学、中学、小学及蒙养学堂的设置做出了规定，并改科举的八股为策论，废除武举。

我国现代的学制始于清末。学校教育制度简称学制，指的是一个国家各级各类学校的系统及其管理规则，它规定着各级各类学校的性质、任务、入学条件、修业年限以及它们之间的关系。1902年，清政府迫于国内教育形式拟定了《壬寅学制》，这是我国近代第一个现代学制。各种因素的影响导致这一学制未能实施，但它为下一个学制的制定奠定了基础，并开启了相互衔接的学校教育制度的序幕，在我国历史上具有一定的价值和意义。

1903年的学制是以洋务派的思想为指导的。其立学宗旨是"无论何等学堂，均以忠孝为本，以中国经史之学为基，俾学生心术壹归于纯正，而后以西学瀹其智识，练其艺能，务期他日成才，各适实用，以仰副国家造就通才、慎防流弊之意。"张之洞认识到了《钦定学堂章程》不足，他在《重订学堂章程折》中说："惟草创之际，规程科目不得不稍从简略，以徐待考求增补。"至此，张之洞在其《学务纲要》中明确宣称，修改各学堂章程是要使"条目更加详密，课程更加完备，禁戒更加谨严"。这一学制既体现的是封建主义的政治思想，又采用资本主义的方法技术，这也就是我们现在理解的"中学为体，西学为用"的教育主张。

壬寅学制和癸卯学制中体操课内容以兵式体操为主。从教学宗旨、体操教学要义、各年级教学内容划分、课时安排等方面来看，它形成了完备的体育教学系统。这改变了我国学校无体育的历史，同时也转变了我国重文轻武的封建教育思想，体育教育作为学校教育的一部分被写进历史，成为我国现代体育课程标准（教学大纲）的雏形。同时，我们也可以看到，在两个学制教学内容中没有我国民族传统体育内容，清政府更是将"废除武举"写入兴学诏书中。

（三）癸卯学制后民族传统体育在学校的开展

1. 民族传统体育在中小学的开展

清王朝的统治和历代一样，一方面加强军队的武艺训练，另一方面严禁民间练武。《华东录》记载，雍正五年（1727年）冬十一月的"上谕"，其中规定"着各省督抚饬地方官将拳棒一事严子禁止，如仍有自号教师及投师学习者即行拿究"。1900年，清政府受到义和团运动的沉重打击后，对民间习武更加恐慌，除了严禁民间存置兵器，连武术家传授武术也必须经过豪绅巨贾作保，因此，武术的发展在一定范围内受到遏制。至1901年，清政府在教育方面，颁布的"兴学诏书"中明确写道"废除武举"，1902年的《壬寅学制》和1903年的《癸卯学制》中，学校体操课以普通体操和兵式体操为主，对拳术只字未提。而在清宣统三年（1911年）6月的"中央教育会议"上，《定军国民教育主义案》第五条明确写道："高等小学以上应兼习拳术。"同时维新人士梁启超在1908年发表于《神州日报》的《论今日国民宜修崇旧有之武术》中这样写道："挽近吾国，震于枪炮火攻之烈，遂至邯郸学步，日夕乞求于人。至薄固有之武术，为不当事，嗤之无用，而任其存沫……故今日主持国是者与教育家，皆不可不栖神营心与此也。"

在那时不是所有的学校都是以兵式体操为主要教学内容。上海南洋公学早期的校长唐蔚芝（文治），就非常重视武术，他称武术为"技击"。他说："提倡技击者，正欲以吾国固有之体育良法，以使吾民族有发扬蹈厉之精神，勇敢振奋之气概，以求达其国内之安全，俾世界缘和平者也。"他于1910年在南洋公学成立了"技击部"，此部作为课外的体育组织，延续了三年多。因而在以后的记载中就有"南洋中学的拳术教师曰刘正南者，率学生十余人至，皆演拳斗械"的字句。

综合来看，由于受到清政府"废武举"的影响，武术在学校被禁止教授，直到1911年召开的中央教育会议中允许高等小学增添拳术，拳术才逐渐在学校开展。从仅有的资料来看，只有很少的一些学校进行了武术教学，同时受到军国民体育思想的影响，体操课以兵式体操为主，这使得武术在学校的地位并不高。

2. 中小学民族传统体育竞赛的开展

1905年四川省第一次运动会的宗旨是："养亲爱之情意、养协同之动惯、养秩序之动作、养尚武之精神、养公德之习尚、养谦让之性情。"参赛的学校为中学堂，比赛项目以西方体育为主，无民族传统体育项目。1905年，在南京举办了第一次学校联合运动会，八十多所学校参加了此次比赛，史称"宁垣学界第一次联合运动会"，又称为"江南第一次联合运动会"。对于当时的社会来说，它是较早并且规模较大的运动会，比赛的项目有69个，其中有武术。

综合来看，当时的社会处于内忧外患之中，很少举办运动会。特别是由于清政府废武举令的颁布，在开展有限的运动会中，民族传统体育项目也是很少被安排进去，如宁垣学界第一次联合运动会中的比赛项目有69个，仅仅安排了武术一项，足见当时政府政策的导向作用直接影响民族传统体育项目在学校的开展。

3. 民族传统体育师资的培养及来源

学校要开展民族传统体育项目，首先要解决师资问题。当时体操课的教师由政府开办的师范学校负责培养，对于武术师资的培养则不在政府计划之内。因而，学校的武术教师一般是来自武馆的武师或者是习武的民间艺人。早期最有名的武馆当属"精武体育会"，为了扩大影响和便于教学，精武体育会经常组织武术表演和召开运动会，并派会员到一些学校和单位进行义务教学，着重传授武术。据不完全统计，1910年精武体操学校在上海有30多家武术会社，1911年北京体育研究社在北京有25家武术会社，中华武士会在天津有10多家武术会社等。1908年由徐一冰等创办的中国第一所体操学校，其开设的武术内容有潭腿、功力拳、刀、枪、棍等。

综上所述，民族传统体育在我国人民心中的位置不可低估，即使有政府废武举政策在先，一些爱国人士自发组织成立武术社团，仍为学校开展武术提供了一定数量的师资。

二、民国初期学校教育中的民族传统体育

（一）壬子癸丑学制（1912—1919年）

1912年7月，教育部在北京召开了临时教育会议，该会议明确了教育的基本

方针并制定了学校法令。同年，9月教育部根据临时教育会议的决议，公布了教育宗旨："注重道德教育，以实力教育、军国民教育辅之，更以美感教育完成其道德。"如果与清末的五项教育宗旨比较一下，可以发现它除去了忠君、尊孔的内容，而以尚公为道德教育，尚武为军国民教育，尚实为实利教育，并首次提出了美感教育，它在教育宗旨上确实较清末有所进步。同时，教育部又根据会议的决议，公布了学制系统，考虑到那年是壬子年，因此命名为"壬子学制"。在这一学制公布的一两年中，又陆续颁布实施了与这一学制略有不同的各种学校法令。在1913（癸丑）年，为了追求一个完整的教育系统，教育部将"壬子学制"和学校法令进行了综合整理，简称"壬子癸丑学制"。此学制实施时间较长，直到年新学制产生，基本上没有什么变化。

1912年1月19日，教育部拟定《普通教育暂行办法》和《普通教育暂行课程标准》，并附有《普通教育暂行课程表》。从此次课程改革对体操课程内容的规定可以看出，《壬子学制》中体操课内容以普通体操和军事体操为主，充分体现了教育宗旨中所渗透的军国民教育的思想。

1912年9月颁布《小学校令》，其宗旨是："小学以留心儿童身心之发育，培养国民道德之基础，并授以生活所必需之知识技能。"小学分为初等小学和高等小学，初等小学4年，科目为7门，其中有体操；高等小学3年，科目为10门，其中有体操。《中学校令》的宗旨是"以完足普通教育，造成健全国民"，其中修业年限为4年，开设14门科目，其中有体操。在中小学校令颁布以后，紧接着在1912年11月颁布《小学校教则及课程表》，1916年1月颁布、同年10月修订的《国民学校令试行细则》，对小学体操的内容与规定如下：

（1）初等小学体操要旨：在使儿童身体各部平均发育，强健体质，活泼精神，兼养成守规律，尚协同之习惯。体操课在第一、二学年每周4课时，教学内容为游戏和简易之单音唱歌。第三、四学年每周3课时，教学内容为游戏、普通体操。

（2）高等小学体操要旨同上，体操课在第一、二、三学年每周3课时，三年安排了相同的教学内容，都以普通体操、游戏、兵式体操（男）为主。

1912年12月公布的《中学校令施行规则》，以及1913年3月19日颁布的《中学校课程标准》对体操课程规定如下：

体操要旨：在使身体各部平均发育，强健体质，活泼精神、兼养成守规律尚协同之习惯。

中学为4学年，第1学年到第4学年体操课在课时和内容的安排是一样的，体操课每周3课时，教学内容为普通体操和兵式体操，其中男子为3课时，女生为2

课时，女生可以免上兵式体操，以游戏、舞蹈代替，照所定时数分配。

综上所述，中小学的体育教学内容以普通体操和军事体操为主，体育教学内容显得单调而乏味。

（二）新学制（壬戌学制1922年）

1921年10月27日，在广州召开的第七届全国教育联合会上，与会者们讨论了学校系统问题，并初步提出仿效美国的"六三三制"方案。1922年10月，第八届全国教育联合会在济南召开，会议决定改革学制，拟定了初等小学四年、高等小学两年、初中三年、高中三年的学制，这就是新学制，即壬戌学制，也称"六三三制"，一直沿用到中华人民共和国成立后。

1922年11月7日，将以前的课程和教育改革指导原则"教育宗旨"，改为"标准"，这实际上受到了美国教育思想的直接影响。1923年公布的中小学《课程纲要草案》，"体育科（课）"改为"体操课"，并扩大其实施范围，规定初中及高中分别加授卫生、生理等科。《草案》只是官样文章，从未统一实施，但它却是学校"体操"课发展为"体育"课的一个重要标志。

第五节　民族传统体育在研究生体育教育改革中的发展与经验启示

一、注重民族传统体育教育的文化内涵，增强文化软实力

党的十七大确立了社会主义文化大发展大繁荣整体发展方向，明确提出："文化实力和竞争力是国家富强、民族振兴的重要标志。"党的十八届三中全会提出："建设社会主义文化强国，增强国家文化软实力，必须坚持社会主义先进文化前进的方向，坚持中国特色社会主义文化发展道路。"由此可见，国家已将建设中国特色的社会主义文化作为未来文化事业发展的目标，通过各文化领域的共同发展，才能促使这一目标的早日实现。

当前，青少年中华优秀传统文化教育还存在一些薄弱环节和突出问题。对青少年中华优秀传统文化教育重要性的认识有待进一步提高，重知识讲授、轻精神内涵阐释的现象还比较普遍。民族传统体育是各个民族文化特质的外在

表现的运动形式。基于它是一种身体文化，它的教育功能不仅具有现代体育的功能即强身健体，同时也是作为一种特殊的文化载体，具备了促进德、智、美及个性发展与完善的教育功能。民族传统体育文化包括物质文化和精神文化。精神文化是其核心和灵魂，表现出重教化、讲等级、崇文尚柔，追求人与自然的和谐，群体价值本位，重功力、轻嬉戏，以柔静为美、守内、尚礼等文化内涵。在学校开展民族传统体育项目，其文化内涵对于树立学生的民族自尊心、培育民族精神、提高国民素质具有促进的作用，培养有中国气节的青年人。它在学校的发展关系到民族体育事业发展的全局，在中小学开展与实施民族传统体育教育是民族传统体育文化建设的基础工程。从古至今，武术在国人心中有不可动摇的地位，它的存在激励着一代又一代的华夏儿女奋力反抗他国的侵略。在"强国强种"思想的引领下，1915年第一届"全国教育会议联合会"将武术定为中小学必修内容，武术开始进入中小学校。到目前为止，武术在中小学校的发展有近百年的历史，然而它的开展情况不尽如人意。其原因是多方面的，但是其中最重要的是过分地模仿西方体育发展方式，注重技术的学习和掌握，而忽视了武术具有的文化内涵，致使民族传统体育文化在学校教育中缺失。如果一个国家的体育文化在本国的学校没有站稳脚跟，特别是缺少了民族体育文化的传统特色，何谈在世界的发展。

在提倡民族文化弘扬和传承的今天，国家积极鼓励和支持学校开展各项优秀民族传统体育活动。我们应改进武术在传承民族文化方面的不足之处，注重挖掘各项民族传统体育的文化内涵，不仅要对学生进行技术上的传授，更要对学生进行精神上的教育，让他们的身心真正融合到民族体育文化中。学校发展民族传统体育项目，经过不断的改造、加工、完善，使之最终成为一项具有广泛传播价值的运动项目。因而，学校开展民族体育项目时，应注重民族传统体育教育的文化内涵，使其逐步成为走向世界的品牌体育项目，扩大我国在世界体坛的话语权，增强文化软实力。

二、以弘扬民族传统体育文化为教育主旨，增强民族自豪感

传承和弘扬民族文化是文化发展的主题。为发展民族传统文化，国家出台了各项政策给予支持和鼓励，学校积极响应了这一号召。如2001年第八次体育课程改革中，国家就鼓励各地将优秀的民族传统体育项目开发进入学校。2002年11月18日，党的报告指出："必须把弘扬和培育民族精神作为文化建设极为重要的任务，纳入国民教育全过程。"2004年3月3日，中央宣传部、教育部印

发的《中小学开展弘扬和培育民族精神教育实施纲要》指出："弘扬和培育民族精神是中小学全部教育教学活动的共同任务，要把它有机地渗透和融合到各门课程的教学活动中。"由此可见，学校在传承和弘扬民族传统文化方面有不可替代的位置。对于学校体育来说，一方面，体育教育应该注重弘扬民族传统体育文化，尽量将我国优秀的民族传统体育项目融入学校的体育教学中，另一方面，体育教育应以弘扬民族传统文化为目标，培养民族传统体育文化的传承者和接班人，增强学生的民族自尊心和自豪感。

弘扬民族精神须以传承民族文化为依托。学校是育人的地方，同时也是传承文化的场所，因此学校有义务和责任承担起传承和弘扬民族文化的任务。同时，一个民族的教育与其文化生态系统是一个相辅相成的有机统一体，"教育与一定的文化生态系统是紧密契合的，一定的文化生态系统中有一定的教育；一定的教育又作用于一定的文化生态系统。"也就是说，各个民族独特的体育文化生态系统孕育了其特有的体育教育形式，相反，体育教育又通过传统体育文化的传承与弘扬反作用于这一体育文化生态系统。回顾我国近现代民族传统体育在学校近百年来的演变历程，可以看到，目前我国学校体育教育，体育课程中传统体育文化内容贫乏，实施过程中民族传统体育文化教育不足，致使学生对传统体育知识的系统掌握缺乏连贯性，无法感受到民族文化的巨大魅力。因而，学校开展传统体育活动，在传授技能的同时，更应以弘扬民族传统体育文化为教育主旨，增强学生的民族自豪感。

三、以学校传承为主，彰显其文化育人的教育价值

自1903年《奏定学堂章程》颁布以来，百年的体育教育史一直是对西方的体育教育模仿和追随的历史。从20世纪初模仿日本的兵式体操建立中国近代学校体育体系，到20世纪二三十年代追随美国，20世纪50年代完全学习苏联的体育教学模式，再到20世纪80年代又转向欧美国家学习，我国的学校体育一直处于模仿与借鉴中，自始至终没有体现民族自主性和民族体育文化占主体地位的体育文化模式。虽有武术在1915年被作为中小学体育教学内容的先例，但中华新武术军事化色彩较为浓厚，使得其在学校的开展不是十分顺利，那时注重的也只是武术的健身价值，而忽略了武术的文化价值。中华人民共和国成立以后，武术于1961年再度成为中小学的必修内容，被写进体育教学大纲中。但到目前为止，由于师资、经费、场地、器材等多方面的原因，其在学校开展比较缓慢。大多数研究者认为我们注重了技术的学习，忽略了其具备的文化内涵。

中小学是学生思想形成的重要时期，它们承担着传承和弘扬民族文化的重任。重视民族传统体育文化教育，不仅丰富了中小学体育教育内涵，而且陶冶了中小学生道德情操。传统体育文化在学校的传承具有重要的历史和现实意义，而民族传统体育正是将这种潜在的文化价值融于有形的体育教育之中。这就要求我们弥补以前在学习民族传统体育的不足之处，并在体现体育文化主体性方面，提高文化自觉意识。在传统体育文化自身方面，实现传承与创新的统筹兼顾，使之适应现代社会对体育的要求。在教学方面，通过各种途径实现传统体育文化育人的教育价值。民族传统体育具有的文化气息和文化内涵是存在的根本。民族传统体育具备了强身健体、娱乐身心的基本体育功能。同时，它也见证了一个民族成长历史、文化发展、民俗民风和价值观的演变历程。因而，充分挖掘民族传统体育具有的文化教育功能，使其贯穿中小学体育教育的始末，具有重大而深远的意义。

我国中小学体育教育应在继承中华优秀传统体育文化的基础上，明确当前中小学传承体育文化的目的、价值观和功能。坚持民族精神与时俱进的教育思想，彻底转变现代中小学中传统体育文化教育的体育教育思想和观念，从而构建出凸显民族特色的学校体育教育理论体系，并创新当前中小学中民族体育文化教育的途径和手段，营造出良好的校园民族文化氛围。加强中小学生在学校学习传统体育文化的正确导向，将文化育人的理念推广到体育教学中，彰显民族传统体育文化育人的教育价值。总之，认识民族传统体育文化具有的教育价值并努力实现其在学校体育教育中的功效，有助于学生民族精神的振奋，民族自信心、自豪感和自尊心的增强，利于学生身心的全面发展。

四、以教育促进民族传统体育文化的创新与发展

创新是一个民族进步的灵魂，是一个国家兴旺发达的不竭动力。民族文化创新，就是要求在社会的发展中实现民族文化的现代化，在此基础上使其面向未来，走向世界。因而，社会的发展需要有先进的文化来指引前进的方向，任何故步自封的文化终将走向消逝。历史的教训告诉我们，文化故步自封会导致落后，只有在交流、融合的基础上进行文化创新才是发展的正道。

教育是建立在人类文化活动基础上参与各种文化活动的，又必须接受文化性质和水平的制约，为其文化服务。因而教育扮演着双重角色，它既担当传承文化的重要媒介，又是培养学生整体素质的沃土。一个民族文化的特殊性直接决定其生存的合理性，它是一个民族形成、发展历史的多棱镜，是这个民族人

民智慧的结晶。因此,我们应在尽可能的范围之内对民族传统文化采取科学合理的保护措施,在保留我们先辈创造的优秀的文化基础之上对其进行创新和发展。作为人才培养的体育教育过程,除了对体育文化的选择与传承外,还包括对传统体育文化的再造与创新。因为任何一种体育教育,都会或多或少地影响从事各种体育活动人的体育价值观、体育知识结构、个性特征和行为方式,进而又以实际行为与语言的方式存在于社会生活中,改造和更新原有的体育文化系统和结构,从而对世界或国内体育文化起到一种强有力的促进作用。在此意义层面上,体育教育实际上是对一个现存体育文化的发展,并在发展的基础上创造出新的体育文化的过程。这既是体育教育的根本目的,同时也是它的最高目标。进行任何形式的体育教育改革,都是为了体育文化创新,如若不然,改革便失去了价值。

梳理我国民族传统体育在学校近百年的发展历史,我们有这样的发现,在第一次中西学校体育文化的交流与融合中,中华新武术进入学校,改变了固有的教学方法和动作名称,简化了动作方法,以期适合学校教育,这对于当时来说就是一种创新。由于各种原因这次改革不是很成功,到了民国晚期,中华新武术的足迹已经无法寻到。随着后来的体育课程改革的进行,民族传统体育一些项目开始进入学校,但开展情况不是很好,特别是以套路为主的武术教学内容,失去了武术本质特性,掩埋了其实用价值。

民族传统体育文化发展必须在与其他优秀文化交流的基础上进行创新,将新的文化因子吸纳进来,经过不断的融合,才能够产生新的体育文化成果,民族传统体育文化的生命力才能得以延续。若缺少先进的体育文化的对话与交流,民族传统体育文化将会萎缩,甚至失去其生存的价值和空间。在民族体育文化创新的过程中,也不能失去我国民族文化自身的特色,缺少中国民族文化的元素的体育文化也将走向消亡。新的课程改革倡导优秀民族体育文化进入校园,因而我们必须吸取武术在学校发展的经验教训,正确认识民族传统体育发展的不足。在改革中应本着"古为今用""洋为中用""大胆创新"的原则,首先对民族传统体育开发进行理论上的提升与升华,进而通过技术的不断地改进与加工,使其逐步走上科学化、规范化和普及化的发展之路,真正做到以教育促进民族传统体育的创新与发展。

五、以传承民族传统体育文化为学校教育任务之一

教育受到社会的政治、经济、文化的影响,因而,不同时期的教育需要承

担不同的教育任务。学校教育承担的任务受到三个方面的影响，其一，国家颁布的教育政策；其二，当前教育形势的变化；其三，学校本身的特点。因此，为了能够做好学校体育工作，我们必须正确领会体育教育政策的精神，准确把握体育教育形势的变化，结合学校自身特点及时明确未来体育工作的重点和方向。第八次体育课程改革是在弘扬和传承民族传统文化的背景下进行的，国家鼓励和支持民族传统体育进入学校，这充分体现出国家政策对学校体育教育的引导作用。

日本的柔道、空手道、剑道，韩国的跆拳道不仅成为学校的必修内容，而且风靡于世界各国，这不但得益于他们对运动项目的精益求精，更重要的是因为他们将民族传统文化很好地融合进去，利于文化的传承与弘扬。由此可见，开展民族传统体育项目，不仅要考虑其具备的健身价值，更重要的还要考虑它传承的是民族文化，因而，教育的任务不仅表现在育人方面，还表现在延续和发展人类优秀文化方面。

民族传统体育蕴含着我国优秀的民族文化，它促进人的全面发展，具有培养社会主义接班人的教育价值，是学校教育中不可缺失的内容之一，对加强民族文化认同有重要的作用。有论者指出："体育教学项目也需要做到百花齐放。在开发体育教学项目的过程中要注重挖掘我国优秀的民间、民族传统体育运动，开发具有地方、地域文化特色的学校体育项目，既能达到锻炼目的，也能弘扬中国文化。"特别是我国的武术，它在我国传统文化中孕育、发展与成熟，吸取古代哲学、美学等传统体育文化的精髓，集我国人民智慧和经验于一体，形成了具有中国特色的技术和文化运动项目。武术成为中小学必修内容是顺应社会发展的需要。我们应将民族传统体育的教学从身体教育上升到文化教育的层面，进而达到传承民族传统体育文化这一目的。从国家文化发展的战略高度来看，我国学校体育应以传承民族体育文化作为完成教育的任务之一，这不仅是对我国民族体育文化具有教育价值的肯定，更是弘扬民族传统文化的必然要求。

第六章 民族传统体育与学校体育结合的合理性发展研究

民族传统体育是我国民族传统文化的重要代表，它的继承与发扬对我国民族传统文化的传播有着重要的意义。如今，民族传统体育已成为我国学校教育体系的重要组成部分，是学校体育教学的重要内容。学校民族传统体育教育是我国民族传统体育继承与发扬的重要途径，也是我国民族传统文化得以传播的重要方式。本章就学校民族传统体育的发展情况进行研究。

第一节 体育与学校体育的发展历程

一、体育的产生与发展

（一）体育运动的产生

在人类历史的长河中，体育作为一种特殊的社会现象，是随着人类社会产生和发展的。考察体育的产生和发展，可追溯到原始社会，其历史源远流长。

在远古时代，体育源于强身、自卫、求生存。原始人类为了生存和保卫自身安全，必须经常与凶禽猛兽和自然灾害进行斗争，其中狩猎就是人类最古老的生产活动，也是人类为了生存和自卫所必需的行为。原始人类迫于谋生需要，为寻找食物要跋山涉水，为追捕野兽要跨涧越沟，为杀伤猎物要掷石投棍，为逃避自然灾害而跋涉迁徙，从而发展了走、跑、跳、投掷、攀爬、游水、格斗等身体基本活动能力，这些就是人类最初的运动方式，是原始体育在人类求生存的本能活动中的萌生和发展。

综上所述，原始人类在生产劳动和生存竞争中的身体活动，就是原始体育的最初形态，它是人类生存不可或缺的行为，是人类社会发展的必然产物。归根结底，体育从它产生的原始社会起，就伴随着人类社会的历史进程产生和发展起来。

（二）体育运动的发展

原始社会的瓦解是随着私有制的出现开始的。自从人类进入奴隶社会，随着生产工具的改进、生产力的发展、剩余产品和私有制的出现，人类社会生活中逐渐出现了教育、文化、艺术、宗教、军事、娱乐和国家等复杂的社会现象。人的身体活动同这些社会现象相结合，从而奠定了体育产生的社会基础，体育就随之发展起来。

中华民族在漫长的历史进程中以其聪明才智和辛勤劳动，创造了光辉灿烂的文化，体育就是我国文化宝库中的重要部分。我国古代体育发源很早，可以追溯到黄帝时代，即公元前2500年，先后创造发明了蹴鞠、摔跤、射箭、武术、导引术、气功、围棋、投壶等丰富多彩的体育活动项目。周朝时的教育内容称为"六艺"，即礼、乐、射、御、书、数，其中射和御都带有体育教育的性质。从秦代到宋代又陆续出现了十八罗汉手、百戏、五禽戏、八段锦，至今仍在流传。

随着人类古老文化的发生、发展，无论是我国的封建社会还是中世纪的欧洲，按强权统治的需要，体育在东西方各自发展的历史进程中，都注重实践性和教育性，并把体育作为一种富国强民的重要手段来对待。此时，由战争刺激起来的"军事体育"，供统治阶级观赏、消遣的"娱乐体育"，修身养性的"养生体育"或平民百姓在节日闲暇时开展的"民间体育"等，都使体育的社会性不断被拓宽，成了强身健体和娱乐身心的手段。

在欧洲，古希腊人是最热衷体育运动的民族。他们信奉神灵，在祭祀活动中，带有宗教色彩的竞技运动受到人们的喜爱。角力、赛跑、拳击、格斗、射箭、掷石饼等竞技运动逐渐形成，并且在全希腊规模的体育竞技赛会和宗教性的祭神集会上进行比赛和表演，每四年举行一次。从公元前776年至公元393年，共举行过293届，历时1169年，被后人称为"古代奥林匹克运动会"，简称古代奥运会，在世界体育发展史上占有重要位置。

17世纪中叶，随着英国工业文明而迅速发展起来的体育运动，也随着资本主义经济的蓬勃兴起和对外扩张而迅速地发展。于是，英国的户外运动、娱乐体育和竞技项目，逐渐在世界许多国家得到传播。体育运动已开始具有强烈的竞赛性和较广泛的国际性，这一时期体育运动的项目和规模都远远超过了奴隶社会和封建社会。

现代体育，在国际体育界一致公认起源于19世纪的英国。1828年，英国教育家托马斯·阿诺德开办了一所橄榄球学校，第一个把体育列入学校课程，这对现代体育的产生和发展起到了决定性作用，他是现代体育的创始人。在英国的影响下，1844年在柏林举行了大学生田径运动会。1857年又成立了田径协会，并在剑桥大学举行了世界第一次大学生田径比赛，这对世界现代体育的产生和发展的影响更为深刻。1863年，产生了源于英格兰的现代足球运动，现代足球运动从它诞生的那一天起，就以其独特的魅力赢得了世人的钟爱，并在短短一百多年的时间里风靡世界，让无数人为之疯狂，成为世界第一运动。为现代体育的产生和发展，提供重要的理论与实践基础的，还有欧洲的文艺复兴和现代奥林匹克运动的创始人、奠基人——法国著名社会活动家皮埃尔·德·顾拜旦先生，他所倡导的现代奥林匹克运动会于1896年举行，四年一届。现已成为全球规模最大的综合性体育盛会，这对于促进体育的国际化和推动现代体育的迅速发展都具有重大的历史功绩。美国现代体育的兴起稍晚于英国，但发展迅速，对现代体育的发展和完善，也起到了良好的影响和促进作用。

随着科学技术的进步和社会生活的需要，体育已成为现代社会的国际普遍现象。经济发达的国家无不重视开展体育，因为体育是社会发展的必然产物，是人类生存不可或缺的行为，还能对社会发展起到积极的促进作用。现代体育的社会功能已远远超过了增强人民体质的范围，成为改善生产方式、提高生活质量不可缺少的因素。总之"现代社会不能没有体育，未来社会更加需要体育"。这是因为社会对体育的需求越来越迫切，体育日益成为人们生活中不可或缺的重要组成部分。

二、我国学校体育的产生与发展

学校体育并不是一开始就出现在人类的原始社会中，而是在社会的需要中产生的。随着人类历史的不断发展，学校体育在学校教育中产生，随着社会的发展而发展，并在和教育、体育的共同发展中逐步形成体系。

（一）我国古代学校体育的产生和沿革

据史载，中国古代最早的学校产生于奴隶社会时期。夏朝的学校被称为

"校""序""库"等；商朝又出现了"大学"和"庠"两级施教的学校教育，其学校教育内容主要是军事和宗教，里面已经包含有学校体育的萌芽；西周时期，学校又有所发展，分为"国学"和"乡学"两种，教育内容以礼、乐、射、御、书、数六艺为主，用来培养奴隶主贵族子弟。在六艺中，"射"指的是射箭技术，"御"指的是驾驭马车的技术，这都属于军事技能的训练，但也具有体育的性质；"乐"指的是音乐、诗歌、舞蹈等，而舞蹈也含有体育的意义。这些就形成了我国古代学校教育内容的雏形。

进入东周时期，我国社会由奴隶制向封建制社会转变，由原来的"学在官府"向"学在四夷"转变，私人讲学、办学之风兴起。与此同时，学校体育也有了较大的变化，由奴隶制的"为政尚武"向新兴地主阶级的文武兼学、文武分途转化。春秋时期著名的教育家、思想家孔子从文武兼备的教育思想出发，明确提出了"有文章者必有武备"的主张，进一步深化了学校体育教育。进入秦汉以来，中国古代封建社会制度形成，确立了儒家思想的正统地位，学校教育以"六经"为主，重文轻武，偏重德育、智育，几乎完全排除了学校体育教育的内容。魏晋南北朝时期"玄学""清谈"之风盛行，重文轻武的教育思想进一步发展，学校体育日趋衰败。但由于北朝各代为少数民族所统治，他们非常重视军事训练和身体的锻炼，因而，有一些北朝政权会在学校中设置军事技能训练。

到了唐朝时期，统治者开始注重武备，并创设了武举制度，以培养和选拔军事人才。这极大地激发了社会上的习武之风，也有力地促进了学校体育的复兴。而文举和武举分开的科举制度，也使得文武教育开始分途。宋明以来，理学盛行，重文轻武的局面更加严重，严重影响了学校体育的进一步发展。但是出于政治和军事的需要，其军事教育和军事训练都有了新发展。比如宋朝开始兴办武学；明朝恢复了"六艺"的教育内容，增设了习武场地设备，实行"儒生习武"等。在清朝初期时，统治者十分注重武学的重要性，实行文武并重、文武合一的教育制度。但是到了清朝后期，政治腐败，军备废弛，这种文武并重的教育制度也逐渐松弛了。

总体来说，在中国古代社会中，学校体育虽然起步较早，但受到重文轻武观念的影响，学校体育并没有得到重视，基本上没有正规的体育教育，学校体育也没有得到应有的发展，大多数时候和军事技能训练联系在一起。直到清朝末年，学习世界各国开办近代新式学校，中国才开始有了西方式的学校体育教育活动。

（二）我国近代学校体育的产生与发展

中国近代史开始于1840年的第一次鸦片战争，面对帝国主义列强的不断入侵，社会各阶层的有识之士开始寻找新的救国方略。在这种背景下，统治阶层中一些比较开明的官员发起了"师夷长技以制夷"的洋务运动。在教育方面，他们主张学习西方，兴办西学，开始创办西方式的新式学堂，并把西方体育引入到这些学堂之中。体操被规定为学堂的学习课程，内容主要是瑞典式、德国式、日本式的普通体操、兵式体操和游戏等，并在学校中开展了以西方近代体育为主的各种课外体育活动，从而使中国近代学校教育首次出现了体育课程和体育活动，这为西方近代体育在我国的传播和我国近代学校体育的兴起起到了不可忽视的作用。

随着洋务运动的失败，资产阶级改良派的代表人物康有为、梁启超等人领导了维新变法运动。虽然维新运动很快就失败了，但是它倡导的学校教育方面的内容，诸如兴办新式学堂，强调体育在学校教育中的地位和作用等，为近代中国学校体育的发展产生了深远的影响。

19世纪后半叶，以英美为主的各教派在我国创办了不少教会学校以及基督教青年会。这些教会学校通过开展课外体育活动，把一些西方近代体育项目传播开来；而基督教青年会的主要工作任务之一就是开展体育运动，他们派出体育专业人员，积极宣传和介绍西方近代体育，并组织各种体育比赛和训练。这些也在客观上促进了我国近代学校体育的发展。

第二节　学校民族传统体育的发展历史与启示

一、学校民族传统体育的发展探索

夏商时期，我国学校体育中就已经有了民族传统体育的一席之地，在当时，民族传统体育的内容既包括"习武"和"习射御"，同时也包括"德""礼"等内容。在农耕文化大背景下，虽然经历了几千年的沧海沉浮，但在学校教育中民族传统体育始终占据着非常重要的位置。鸦片战争后，封闭已久的中国大门开始向着西方各国开放,在此过程中,中西方两种文化得以汇聚和交融。作为中国传统文化的重要组成部分,民族传统体育也随之与西方文化产生了激烈的碰撞和交流。

(一)民族传统体育发展的总体概况

1. 民国时期学校民族传统体育的发展

1840年,西方文化开始向中国大量涌入。我国固有的传统文化遭受西方文化的浸润和吞噬,民族传统体育也在这一过程中发生了非常深刻的变化。在我国学校教育体系中,民族传统体育固有的地位受到冲击。作为民族传统体育重要代表的武术也受到了影响。一些人认为,练就一身钢筋铁骨不如有枪在手。还有的人认为,没有经过科学化的国术,在锻炼身体方面,远不如西方的各种运动和体操。更有的人认为,我国的国术已成为江湖卖艺之流。然而,这样的社会背景却也深深地激发了一些爱国人士强烈的民族危机感和意识。在他们看来,国术的重要性已被人们忽视,应立即将国术作为小学到大学的必修课程,这种呼声也越来越高。武术作为学校民族传统体育的代表,关于武术的"土洋体育"论争达到了一定的高度。

由于受到当时社会大环境的影响,学校民族传统体育在这一时期的开展主要集中在武术方面,从小学到大学都开设了武术的相关课程,甚至武术也成为了高校专业课教学内容。此外,当时的中央国术馆和各个地方的国术馆体系,在国民政府的资助下将武术教学内容比重增加,并增设了一些关于民族传统体育的理论课程。

南京高等师范与北京高等师范在1916年到1917年间相继开设了体育课和武术课,这标志着中国武术已经进入到了高等教育的行列,并成为高等体育专业中的一门课程。在此以后,武术课在许多高等学校教育中得到开设。北京体育研究社附设体育讲习所(后改名为北京体育学校)从1917年开始便专门针对体育和武术的师资进行培养,学制为3年。课程内容主要包括相关武术理论和太极拳、形意拳、八卦掌、枪术、剑术、戟术、马刀、少林十二式、器械对手、铜术、新武术等项目。同年,由马良组织一些武术家编写的"中华新武术"经过全国教育联合会、专门学校联合会批准,正式成为各级学校的"正式体操"内容。

1922年，在山东济南成立了中华教育改进社，并举办了第1届年会。在年会上，吴志青作为上海中华武术会的创办人提出了将中国武术作为中国体操，列为体育必修课，并对具体的教授细目进行编写，向全国各个学校进行普及，以使我国的固有精神得到发扬。同时还要编定教材设法实验，这一提议经过详细讨论认为由于涉及种类非常纷繁，在当时并不适合作为课程，最后决定研究之后再进行讨论。吴志青于1924年再次在中华体育教育改进会和体育会年会中提出了关于将武术作为体育必修课的提案，但在会议上又遭到否决。1930年，将国术（武术）列为全国各级学校体育课程。1931年在《初级中学体育课程标准》和《高级中学普通科体育课程标准》中，将国术作为体育必修课程。武术经过了15年的发展，其在学校体育教育体系中所占据的位置终于得到了官方的真正认可和重视。

2. 中华人民共和国成立初期学校民族传统体育的发展

中华人民共和国成立以后，整个社会制度也随之发生了巨大的变化，在建设社会主义国家和恢复国民经济的同时，也彻底改造了旧有的教育体系。在中华人民共和国成立之初的筹备会议上，中华全国体育总会提出了新民主主义体育是民族的、科学的、大众的，要为人民的健康、新民主主义的建设和人民的国防而发展体育。在这一方针的指导下，学校民族传统体育开始步入新的发展阶段。由于中华人民共和国刚刚成立，各个方面的基础都比较薄弱，缺少一定的构建社会主义体制的经验，所以，无论是政治经济还是文化教育的建设都向当时的苏联进行了借鉴和学习。由于受到苏联的影响，我国的学校体育工作也趋于"苏式教育体系"，其有关体育教育的相关理论和实践在我国各级学校中得到大规模的推广。苏联的体育教育理论非常重视教学大纲、教学计划和教材方法，其倡导的教学思想是以教师为主导，并将运动技能的学习作为主要的教学内容，以此来提高学生的身体素质，并培养学生优良的社会主义道德品质，为社会主义生产和国防服务。苏联对于整个教学体系的构建都是完全围绕运动技术和技能进行的。

对于学校教育体系中民族传统体育的缺失已经被我国政府意识到，并采取了相应措施，通过肯定武术在学校教育中的重要作用，来对各级各类学校民族传统体育教育体系的建立和逐步完善进行引导。武术教学通过相关政策的扶持和指导，变得更加系统和规范，学校民族传统体育也开始进入正常的发展轨道。

1978年，教育部颁布了《全日制十年制学校体育教学大纲（试行草案）》

（简称《大纲》），《大纲》中提出"武术是我国优秀的民族文化遗产之一，少数民族地区的学校，可结合本民族的体育传统和风俗习惯，调整补充教材内容"。在具体内容的制订上，不仅将武术进行单列，还特设了"民间体育（乡土教材）"的教学内容，角力、石锁、拔河、举石担、踢毽子、跳橡皮筋等民族传统体育项目被列入其中。

随着我国教学经验的不断积累以及综合国力的不断提高，对苏联教育的学习和借鉴使得我国教育事业发展的方式逐渐退出历史舞台。从此以后，在我国教育界逐步兴起了"素质教育"理念，并向着学校体育教学迅速辐射，在这一背景下，我国民族传统体育的发展也随之进入一个新的时期。

3. 素质教育时期学校民族传统体育的发展

1980年以后，国民素质对一个国家强弱的影响越来越凸显出来，教育也因此成为一个国家维护民族生存和社会发展的重要力量。提高国民素质的要求和改革教育体制的呼声越来越强烈。素质教育随着《中国教育改革和发展纲要》和《中华人民共和国义务教育法》的颁布实施，很快吸引了广大教育工作者的目光，并以此为基础，开始深入探讨我国教育体制的改革。

"素质教育"是一种全新的教育观念。1999年6月，中共中央、国务院颁布了《关于深化教育改革　全面推进素质教育的决定》，在这一文件中对素质教育作出了如下定义：素质教育是将促进国民素质的全面提高作为根本宗旨，将培养学生的实践能力和创新精神作为重点，以此来培养出"有理想、有道德、有文化、有纪律"的，德智体美全面发展的社会主义事业的建设者和接班人。同时，针对学校体育教学提出了"树立健康第一的指导思想"。随着素质教育的不断深入发展，逐渐产生出了《体育与健康课程标准》，这一标准对于尊重教师和学生在教学内容方面的选择性进行了重点强调，同时还要注重教学评价的多样性，要使课程有利于学生运动兴趣的激发，使学生养成坚持锻炼的习惯。培养学生顽强勇敢、坚忍不拔的意志品质，促进学生身体、心理和社会适应能力的和谐、健康发展，从而为整体国民健康水平的提高发挥重要作用。

2006年，《国家"十一五"时期文化发展规划纲要》由国务院正式颁布，明确指出要对中华优秀传统文化教育和传统经典、技艺的传承给予充分重视。一些具备条件的小学要开展传统工艺、绘画和书法等课程，在中学语文课程中还要对传统经典范文和诗歌的比重予以增加，根据各个学科课程的具体特点，要将中华优秀的传统文化内容融入其中。从学校体育课程来看，民族传统体育是我国中华优秀传统文化的代表。

（二）少数民族传统体育的发展状况

1. 初始整理阶段

中华人民共和国成立后，少数民族传统体育项目受到了党和政府的高度重视，使许多群众性传统体育活动得到了蓬勃的发展。许多学者开始对民族传统体育进行大规模的整理和发掘，从而实现了少数民族体育活动向对抗性竞技运动的转变。例如，摔跤作为我国传统的体育项目，1953年我国成立了中国摔跤协会；在1956年，北京举行了第1届中国式摔跤锦标赛，并于1957年制定了中国式摔跤竞赛规则，至此，我国的摔跤运动也实现了竞技性改造。可以说在这一发展时期，我国的民族传统体育得到了很大的发展，其中以武术运动的发展最为显著。

2. 停滞发展阶段

20世纪中后期，我国各方面的发展都处于一个非常困难的时期，民族传统体育也同样如此。传统体育的研究组织大都解散，研究活动基本停止。

尽管这一时期民族传统体育遭遇重重困难，然而其活动并没有因此完全停止，如军队中仍举行摔跤、格斗等训练活动。而到了困难时期的后期，在周恩来等领导的关怀下，各地开始组织举办各种武术表演比赛和运动会，进一步促进了民间传统体育活动的复苏和发展。

3. 改革发展阶段

随着党的十一届三中全会的召开，社会主义现代化建设成为我国的主要工作重心，而体育工作的重心也随之发生变化。在认真分析了之前的错误思想后，国家开始加大了少数民族地区的发展投入，关于民族传统体育项目的研究活动也变得非常频繁。民族传统体育在国家积极的倡导、挖掘、整理过程中开始重新崛起。1984年，国家体委在参考花毽、蹴鞠以及足球、排球和羽毛球运动特点的基础上，推出了毽球这一新型的体育运动项目，受到了广大群众的喜爱。

4. 普及与提高阶段

20世纪80年代后期，少数民族地区的经济获得长足的发展，民族传统体育也开始进入普及和提高阶段。其中最为显著的标志就是我国从1982年开始，恢复了停止长达30年的少数民族传统体育运动大会，而这一大会至今已在天津、内蒙古、新疆、广西、云南、北京、宁夏、广东、贵州9个省区市举办了多届。少数民族传统体育运动大会在国家的大力支持下以及各省区的共同努力下，充分发挥其民族性、广泛性和业余性等特色，并成为全国较有影响的大型综合性体育运动会之一。少数民族传统体育运动大会为各少数民族传统体育相关资料的深入挖掘和整理、普及和提高，以及民族传统体育文化弘扬，民族体育事业与全民体育健身运动的发展，各民族人民身体素质的提高与民族团结，作出了积极努力和贡献。为了促进我国少数民族传统体育的发展，少数民族传统体育运动会每四年举行一届。

二、学校民族传统体育的发展启示

（一）改变了中国教育体制"重文轻武"的倾向

在秦始皇统一六国之后，儒家思想得到重点发展，其地位也得到了进一步巩固。在当时，经书成为各个书院和私塾最基本的教学内容，在课程的设置方面，逐渐脱离了技术和应用科学，同时也去除了身体锻炼的相关内容。人们所争相效仿的榜样和标准是那种礼仪谦让、温文尔雅的君子形象，这也成为当时整个社会最为普遍的价值理念，社会中"重文轻武"的风气也日益盛行起来。

（二）明确了学校民族传统体育的地位

在几千年的历史发展中，我国的民族传统体育受到了农业社会环境的影响，在此背景下形成与发展的农业社会的烙印成为我国民族传统体育比较明显的特征之一。民间族群成为民族传统体育教育的主要传承模式，由于没有得到官方承认，从事民族传统体育传承的人群也一直没有得到社会的认可，一直处在社会的最底层，其发展也是自生自灭。

中华人民共和国成立之后，旧有的学校教育体制得到了改造，并且在苏联教育思想的影响下，一个全新的学校体育教学体系得以建立。对于苏联体育教学来讲，其主要主张的是进行技术教学，这样既能够使学生的体质得到增强，同时又能够对学生进行思想品德教育。民族传统体育是我国传统文化的载体，同时也是提高中华民族整体素质的重要基础。各种相关教育法规的制定，其目的就是通过进行民族传统体育教育使学生体质得到增强，同时培育民族精神和树立民族自信心。在《中小学体育教学大纲（草案）》中增加了"简单的民间游戏"的相关内容，1961年新的《大纲》得以颁布，而民族传统体育中的武术成为其中的重要内容之一，并与田径、球类、体操一同成为体育教学的主干课程。这些措施，既积极促进了学校民族传统体育的发展，同时也在根本上对民族传统体育在学校体育教学中的地位进行了巩固。

（三）初建了学校民族传统体育教育的体系

中华人民共和国成立以后，武术教学大纲在理论指导下得到了不断的规范和系统化，教学方法、教学手段和教学内容也越来越丰富和多元。武术课程的质量得到了较大的提高，并取得了非常明显的进步，这为我国学校民族传统体育现代化进程打下了坚实的基础。

从教学内容角度来看，在这一时期，教学内容由过去的"简单的民间游戏"转变为以武术为代表的民族传统体育，在吸收我国传统武术精华的同时，将具有悠久历史的民族民间游戏和传统养生功法加入其中，这使教学内容得到极大的丰富和多元化。随着学校民族传统体育教学内容的不断丰富，过去单一的武术教学内容现状发生了很大的改变，教学内容多元化和趣味性增加，使学生对于民族传统体育的各种需求都能够得到满足，对学生养成终身锻炼习惯及弘扬民族传统文化意识起到了很好的促进作用。

（四）培育了学校民族传统体育国际化传播的萌芽

早在封建社会，我国的民族传统体育就已经开始进行国际化传播，向外辐射的范围主要是我国周边的部分国家和地区。在当时社会政治、经济、文化、交通等各种因素的影响之下，民族传统体育所进行的国际化传播依然处于民间无意识的行为阶段，因此它的传播和发展程度远远没有达到理想的广度和深度。

随着时代的不断变迁，到了清末民初时期，民族传统体育才开始了真正意义上的国际化传播。武术在这一时期被赋予了相应的社会责任和历史使命，通过学校武术的浸染，使国人的体魄得到锻炼，从而更好地培养民族精神。在这一阶段，具有代表性的中央国术馆和精武体育会两个组织以"强身以强国"

作为宗旨，即为武术进入学校课堂提供了一切积极的方便条件，同时也为武术教育在国际上的推广进行了积极的尝试和探索。通过学校这一平台，武术逐渐拉开了学校民族传统体育国际化传播的序幕。最为主要的两个传播方式分别是精武体育会的武术国际化传播、中央国术馆的武术国际化传播。从传播特征来看，这两种传播方式有着一定的区别，精武体育会的武术国际化传统是以民间组织的形式进行的，而中央国术馆的武术国际化传统则是官方组织的。这两种传播方式，无论哪一种，都扩大了武术在海外的影响，对于武术教育体系在国外的建立都起到了不可磨灭的作用。

第三节 民族传统体育引入学校体育的必要性研究

民族传统体育引入学校体育对民族传统体育自身和学校体育的发展都有着重要的价值与意义，民族传统体育进入学校体育教学十分重要且必要。

一、民族传统体育引入学校体育对民族传统体育自身的意义

现阶段，在我国各级学校的体育教学中，对现代体育尤为重视，而对民族传统体育忽视的现象依然存在。要想促进对民族传统体育的推广，就要转变思想，用新的观念来对民族传统体育加以研究。随着我国不断加大对外开放，国外一些体育爱好者来我国学习民族传统体育文化，这不仅促进了民族传统体育文化的弘扬，也有利于我国对国外的先进知识和经验加以吸取与学习。而我们作为中华民族的子孙后代，更应该为促进民族传统体育这一国粹的发展而努力，为将民族精神发扬光大而效力。

民族传统体育引入学校体育对民族传统体育自身发展有重大的意义。各级行政部门应该转变思想、更新观念，对弘扬民族传统体育的重要性充分加以认识，积极制订将民族传统体育引入学校教育的战略计划，促进民族传统体育的发展。

二、民族传统体育引入学校对学校体育的价值和意义

民族传统体育引入学校不仅对其自身的弘扬与发展有积极的影响，而且对学校体育也有举足轻重的作用。

（一）学校民族传统体育的价值分析

学校民族传统体育的价值重点从生理价值、健心价值等方面凸显。

1. 学校民族传统体育的生理价值

（1）对呼吸系统的影响。

学生参与民族传统体育运动，能增强自身呼吸系统的功能。其主要表现在以下几个方面。

①增强肺活量。

人体肺部能够容纳空气量的最高限度就是肺活量，人体呼吸系统的工作能力水平能够通过呼吸系统反映出来。所以，人们经常使用肺活量的测量来对自身的体质状况进行衡量。性别、年龄以及练习程度等都会影响人体肺活量的大小。通常而言，男性成年人正常的肺活量平均值是3500～4000毫升，女性成年人正常的肺活量平均值大约是2500～3000毫升。与正常的成年人相比，儿童与老年人的肺活量平均值要小。有规律地参与民族传统体育运动的学生要比普通学生的肺活量明显大很多。

②促进呼吸肌发达。

肋间肌、腹肌、膈肌等肌肉都属于呼吸肌。一般而言，在进行民族传统体育运动的练习时，肌肉需要大量的氧气供应，要比静止时需要的氧气量多。人体在练习时，所进行的动作是与自身的呼吸节奏相互配合的，呼吸肌随着身体的运动而有节奏地配合着运动。运动能够锻炼腹肌、肋间肌及膈肌肌肉，促进肌肉力量的强壮，从而促进呼吸肌的壮大。

（2）对神经系统的影响。

①加强神经系统的调节作用。

人体在参与民族传统体育的过程中，离不开身体两侧相互配合，身体的配合有利于均衡地发展左右脑。学生在运动中遇到的一些刺激有利于神经系统反应能力的增强与提高，使神经系统的调节能够快速、准确地判断外界环境的变化，并做出一些支配或调整来适应外界变化。例如，在进行传统武术运动的练习时，当自身体内积累的热量达到一定程度时或面对极高的外界气温时，神经系统会及时准确地做出一些反应，并向相应的器官传达相关命令，增加皮肤的血流量，使皮肤表面的毛孔扩张，汗液从毛孔中排出，达到消热的效果。同样的道理，当学生在武术运动的练习过程中面临寒冷的刺激时，神经系统会及时做出正确的反应，从而使肌肉变得紧张，同时收缩皮肤血管和毛孔，减少血流量，达到积热的效果。

②促进神经系统反应灵敏、准确。

由于脑、脊髓和周围神经是构成神经系统的主要成分，学生在参与民族传统体育运动时，所做出的动作都是通过神经系统支配其骨骼、肌肉和关节来完成的。神经系统不仅能够对运动过程进行调节与控制，而且能够对动作完成方法是否正确进行直接感受。在神经系统的支配作用下，经常进行民族传统体育运动，特别是内功运动，骨骼、肌肉与关节的运动能力都会不断变得更加准确与灵敏。

（3）对循环系统的影响。

①增强组织和细胞的活力。

经常运用民族传统体育运动形式进行身体锻炼，有利于增加学生体内血液中的白细胞与红细胞。白细胞具有很好的免疫能力，它能够使抗体得以产生，并能够有效地消灭在人体内部侵入的细菌或病毒，从而促使身体保持健康状态。大量的血红蛋白包含在红细胞中，血红蛋白的携氧能力很好。红细胞越多，就说明在血液循环中血液能够携带越多的氧气。当有了充分的氧气供应时，身体就能够在较为轻松的状态中运动，否则身体运动时很容易感到疲劳。民族传统体育运动对增强组织和细胞的活力是有效的。大量实践证明，长期进行民族传统体育运动，不但能够促进血液运氧能力的提高，使运动疲劳有效减少，而且也能够促进人体免疫力的提高。

②促进心血管系统的改善。

民族传统体育运动对心血管系统功能的改善有着举足轻重的价值。这主要是由于在运动过程中特别是器械类的民族传统体育运动过程中能够增加血管的收缩度与舒张度，也会增加毛细血管量，从而使血液的流通更加顺利通畅。血液能够在短时间内向身体不同部位的组织细胞流通，同时身体不同组织细胞也能够更加充分地获取氧气和营养物质。与此同时，经过身体各个组织细胞代谢所产生的物质向排泄系统各个器官运输的过程也会加快。这一过程有利于肌肉耐力的增强，也有利于肌肉疲劳的延缓。进行民族传统体育运动的锻炼对心脏本身的血管功能的改善也是有益的，参与其中能够使学生的心脏细胞对血液与氧气的供应更加充分，从而能够降低参与者患心肌梗死与冠心病的可能性。

2. 学校民族传统体育的健心价值

学校民族传统体育教学对促进学生心理健康的发展具有积极的促进作用，具体表现如下。

（1）有助于发展智力。

在学校民族传统体育中，学生积极参与体育课堂教学活动及课外活动，能够大幅度地促进自身智力水平的提高，这主要从以下三个方面反映出来。

①促进神经系统功能的增强。

②使应激反应减缓，促进脑力工作效率的提高。

③一定程度上能够使疲劳得以消除。

（2）有利于良好心情的保持。

学生在参加民族传统体育学习的过程中，不可避免地会参与实践锻炼，这时就有一定的节奏规律需要遵循，而且上下肢需要协调配合，使身体的各个部位全部参与其中才能完成锻炼。全身部位参与锻炼有利于肌肉的紧张得到缓解，有规律的节奏能够使学生舒缓神经，情绪不断缓和，从而享受民族传统体育运动带来的乐趣。学生在进行民族传统体育锻炼时，全身肌肉都是保持放松状态的，学生的精神也是随着身体的放松而放松的。所以，民族传统体育运动不仅能够使学生得到有效的休息效果，而且能够使学生维持良好的情绪与心情。

（3）有利于紧张情绪的缓解。

学习、生活以及工作等方面都会产生不同程度的压力。各种各样的压力能够使人的精神总是处于低落与紧张状态。学生可以在恰当的时间选择自己喜欢的环境参与民族传统体育运动，进行体育锻炼。学生在自己所选择的环境中进行民族传统体育锻炼能够保持轻松愉快的心情。所以，民族传统体育锻炼有利于学生紧张情绪的缓解和愉悦心情的保持。相关研究发现，学生的大脑在体育锻炼的过程中会受到刺激从而促进"内啡肽"的分泌。"内啡肽"能够有利于疼痛的缓解，使紧张情绪得到调节。从而使人产生愉快的感觉，使学生的神经系统保持兴奋的健康状态，从而使其轻松地投入民族传统体育的学习活动中。

（4）有利于对学生坚强意志力的培养。

学生在进行民族传统体育课程的学习中，会实践性地参与一些运动项目，由于有些民族传统体育运动项目是在激烈的直接对抗中进行的，这就要求学生在参与的过程中除了具备必要的良好技术和较高的身体素质外，更要具有坚强的意志品质，来应对对手，克服体能下降的影响，在优劣势交替时要控制好强烈而鲜明的情绪等。由此可知，参与民族传统体育运动就是学生在参与的过程中克服各种困难来实现预期目标的一种意志过程，是考验学生勇敢、果断、顽强等意志品质的过程，实质上也是意志的较量。因此，民族传统体育运动可以培养学生坚韧不拔、勇敢顽强、吃苦耐劳的意志品质，同能也能培养学生的学习能力，培养坚定的目的性、自制力，克服其不良品质。

（二）民族传统体育对学校体育的积极意义

体育与健康的价值理念在20世纪末就已经在学校体育中确立了，此后，在全世界普及体育与健康价值观的教育工作主要由学校体育承担。现在，人们已经普遍认可民族传统体育的健身、健心、教育、社会娱乐等价值。在学校体育中引入具有丰富价值的民族传统体育，能够促进学校体育资源的丰富，促进学生健康存量的大大增加。具体来说，民族传统体育对促进学校体育发展所起到的作用主要表现如下。

1. 民族传统体育推进学校全民健身计划的实施

将民族传统体育引入学校体育，以不同民族和地区的学生的需要为根据，对与学生身心特点及兴趣爱好相符的民族传统体育项目进行挑选，在各级各类学校对精心挑选出来的项目进行推广，使其顺利成为课堂教学内容和课外体育活动项目，促进其普及与完善。同时，开展民族传统体育教学能够为学生的终身体育思想奠定良好的基础，使学生自觉参与体育锻炼的习惯得以养成。学生在学校对民族传统体育的锻炼方法熟练之后，可以在毕业后增加就业的成功率，成为社会体育骨干的可能性也是存在的。进入社会后，学生可以在社会的每个角落推广民族传统体育，带领社区群众开展民族传统体育活动，使社区体育与学校体育产生联系，从而促进全民健身计划的顺利实施。所以说，将民族传统体育引入学校能够推进学校全民健身活动的顺利开展。

2. 民族传统体育影响学生的终身体育意识

终身体育的主要内容并非是某一时间的主流体育项目或某一形式的体育，而是密切联系社会体育、家庭体育及学校体育，确保体育教育系统连续与完整，能够贯穿人的一生。民族传统体育特别是少数民族传统体育有许多属于健身养生活动,是以追求个人与自然及社会实现最大限度的和谐为目标的,这符合终身体育的目标。终身体育以学校体育为基础,而带有民俗色彩的民族传统体育项目为学生养成终身体育的良好习惯提供了一个重要保证。

3. 民族传统体育对学校体育其他方面的影响

将搏击类与竞技类的民族传统体育项目引进学校体育教学中,不但能够终身对师生的身心、性格及品质产生影响,而且能够促进社会秩序的稳定,加强师生的国防意识。学校开展民族传统体育教学能够对学生的爱国主义情感进行熏陶,促进学生民族自信心的增强。太极拳、武术、毽球、龙狮运动、棋类等特色鲜明的运动通过各种有效的途径和形式开始向西方逐步渗透和移植,使竞技体育独领风骚的局面受到冲击,促进世界体育文化互动的良性效应的形成。而医疗按摩等传统养生项目能够将自身的优势与实用价值充分展现出来,使学生在参与其中的过程中得到身心的全面发展,促进学生学习效率的提高及其生活情趣的增加。一些民族传统体育项目的引进还有利于帮助学校对体育教育、师生体育健身等投入不足的问题的解决,促进学校体育教学内容和模式的丰富。

第四节 民族传统体育与校园文化建设

民族传统体育与校园文化相契合的部分集中体现在校园体育义化。民族传统体育具有深刻的文化内涵,这主要体现在物质文化、精神文化与制度文化三个方面。校园体育文化同样包括物质文化、精神文化与制度文化三个方面的内容。民族传统体育对校园体育文化建设具有重要的意义。

一、民族传统体育文化概念与属性

(一)民族传统体育文化的概念

1. 文化的概念

文化有广义和狭义之分。广义的文化包括一切物质、精神财富,是人类作用于自然界和社会的成果的总和,又被称为"大文化",其着眼于人类社会与自然界的本质区别。狭义的文化指意识形态所创造的精神财富,它专注于精神创造活动及其结果,又被称作"小文化",主要包括道德情操、学术思想、宗教、信仰、各种制度、文学艺术、风俗习惯、科学技术等。值得注意的是,狭义的文化从属于广义的文化,二者是不可分割的。

2. 民族传统体育文化的概念

民族传统体育文化是各民族在其不断的发展与进步过程中所形成的全部的体育文化。对民族传统体育文化的研究,主要包括三个方面,即民族传统体育与传统文化的关系、民族传统体育的文化内涵、民族传统体育的文化属性。

民族传统体育与传统文化的关系主要表现在三个方面,即民族传统体育与多元生态文化圈,民族传统体育与民俗、民族传统体育与经济文化类型。其中,生态环境是民族传统体育文化生存和发展不可或缺的重要因素,如鄂伦春族的滑雪、打靶、赛皮爬犁等民族传统体育项目就与其周围的生态环境密不可分。民俗对民族传统体育文化也有着至关重要的影响,如布依族的"丢花包"、瑶族的"抛花包"、壮族的"抛绣球"等就与各民族的婚姻习俗密切相关。经济文化类型在很大程度上影响着民族传统体育文化的发展,如蒙古族、维吾尔族、哈萨克族的赛马、叼羊、姑娘追等民族传统体育项目就是在其游牧畜牧业的基础上产生发展起来的。

民族传统体育的文化内涵主要包括民族传统体育的物质文化内涵、民族传统体育的精神文化内涵、民族传统体育的制度文化内涵三个方面。民族传统体育的文化属性大致可以分为生产性、地域性、民族性、生活性、娱乐性、认同性以及封闭性七个方面。

(二)民族传统体育文化的属性

中国文化强调"安土地,尊祖宗,崇人伦,尚道德,重礼仪""天人合一""气一元论"。因此,民族传统体育的文化也具备了整体性、等级性、中庸性、礼仪性和道德性等特征,并进一步形成了崇尚礼让、宽厚、和平为价值取向的体育形态。我国民族传统体育的文化以保健性、表演性为基本模式,有伦理教化的价值取向、尊卑有别的等级观念、崇文尚柔的运动形态等独特的文化特点。

1. 强调整体性与和谐性的统一

民族传统体育以"天人合一"为哲学基础，以自给自足的农业经济为土壤，强调整体性与和谐性的统一。天人关系是中国传统文化的一个基本命题，古人认为自然界是不可征服和改变的，只能受自然界的摆布，从而导致华夏祖先抗争精神匮乏。在民族传统体育文化的范畴中，人和自然在本质上是统一的。民族传统体育文化的突出特点在于重精神和过程，轻物质和结果。而中国传统体育注重以整体的概念描述人体的运动过程，探讨各种活动状态与外部世界的联系。民族传统体育注重整体效益，追求身心，机体与自然的协调发展的健身价值观。民族传统体育项目的锻炼，多采用基本功练习与完整练习相结合的方法，这充分体现了中华民族追求"形神俱练，内外兼修"的理念和顺其自然、追求平衡的主体化思维方式。

2. 推崇伦理教化的价值取向

受中国儒家传统文化的影响，我国民族传统体育非常重视伦理教化，以展示道德理念为标准，把道德作为人的最大价值和最高需要。如儒家先哲推崇的射礼，要求射者"内志正，外体直，然后持弓矢审固，而后可以言中"；唐代木射的取胜标记为"仁、义、礼、智、信、温、良、恭、俭、让"；韩愈议论马球运动时也曾指出："苟非德义，则必有害"；司马光曾说过："投壶者不使之过，亦不使之不及，所以为中也；不使之偏颇流散，所以为正也；中正，道之根柢也"；约成书于元明间的《蹴鞠图谱》以专章论述蹴鞠中如何体现儒家思想，提出踢球应以"仁义"为主等。这些规范和衡量民族体育的价值标准，鲜明地体现出了民族传统体育伦理教化的意图。

3. 追求宽厚、平和的文化理念

民族传统体育活动与各个民族的民俗、民风、生活习惯联系密切，有着深层次的文化追求。人们通过传统体育活动，可以感受精神的愉悦、营造和谐的生存氛围。通常，民族传统体育活动多以强身健体为目的，这些活动大都安排在业余时间进行，将体育寓于娱乐之中，具有很强的表演性和娱乐性。例如，黎族的跳竹竿、苗族的划龙舟等活动，具有浓郁的民族特色和欢快气氛。

中国人历来讲究性情自然，"知其心者，知其性也，知其性则知人"。因此，民族传统体育崇尚中庸之道、信守顺其自然，讲究对身体的保和养、对内部的锻炼和保持内部的平衡。同时，民族传统体育文化带有安于现状、缺乏竞争、倡导守柔不争的特点，缺少竞争精神，不利于民族传统体育的长远发展。

民族传统体育文化属于中国传统文化的重要组成部分，它不断汲取传统文化的特性，使其具备与特定的文化环境相一致的文化属性，同时也反映出了传统文化的特点和深远影响。

二、民族传统体育与校园体育文化的关系分析

民族传统体育与校园体育文化之间的联系十分密切。一定程度而言，校园体育文化的形成与建设离不开民族传统体育这一基础和内核，而民族传统体育文化的传承又离不开学校这一重要的载体，可以说二者是相辅相成，共同发展与繁荣的。

我国的民族传统体育项目不管是在数量上，还是在内容形式方面都堪称世界之最，民族文化深厚的底蕴，有利于我国传统体育文化的弘扬，同时对人类可持续健康的维持也是十分有益的。我国高校林立，民族传统文化的传承提供了重要的渠道。优秀传统文化的传播要以各级学校尤其是高校为主要基地。学校要将自己的传承载体优势充分发挥出来，履行对民族体育文化进行弘扬的责任，在传播民族文化的同时促进学校体育的发展，促进校园体育文化建设的不断加强与完善。

民族传统体育对学校体育文化的影响必然形成朴素内向、含蓄深邃的理念，体育热潮必然伴随经济的发展和世界和平环境的到来而不断降温。而我国的民族传统体育项目数量多、质量高，健身价值、教育价值及娱乐价值十分突出。作为祖国的未来，学生肩负着传承我国传统文化的重任，他们是建设校园体育文化的主力，是传统文化的传人。传承传统文化首先要对我国民族的优秀文化从内心加以接受，对学校而言教师与学生都是传承文化遗产的主要力量，因此，师生要将民族传统体育文化的挖掘、收集、加工与创新的工作重视起来，全力继承我国的民族体育文化，并代代传承。民族传统体育运动的开展需要借助多种载体，而学校是众多载体中十分重要的一个。学校要积极引入民族传统体育，使之走进学生的体育生活。帮助学生形成正确的体育价值观，并促进校园体育文化的丰富与繁荣。

为此，我国各级院校尤其是高校要积极响应国家的号召，担负起民族传统体育的传承责任。学校在引进民族传统体育的过程中，要注意有机结合现代体

育与民族传统体育，将民族传统体育的价值凸显出来，促进民族文化与民族体育的发展。

三、民族传统体育对校园体育文化建设的意义

（一）强化校园体育物质文化建设

1. 校园体育物质文化是精神文化的载体

校园体育物质文化主要包括体育场馆、体育器材以及其他与体育相关的物质实体。校园体育文化的建设以物质文化的建设为前提，同时物质文化建设也是优秀校园体育文化建设的重要保障。我们也可以将体育物质文化称为体育文化硬件。可以说，体育物质文化从本质而言就是人自身力量外化的结果，是体育文化观念作用于我们的结果。作为体育意识文化的载体，体育物质文化将人类的智慧、价值观、意志等众多美好的品质凝聚在一起，并通过一定的形式展现出来。

人文关怀是现代教育提倡的一种重要思想，自然生命教育中认为，良好的自然环境是人的自然生命存在的主要依赖，如果没有了赖以生存的自然环境，人就不可能继续有自然生命。民族传统体育与学校教育环境的融合，能够使学校师生在自身需要满足的同时尽可能地尊重与关爱其他生命体，这有利于促进民族传统体育及我国优秀民族传统文化的可持续发展。因此可知，校园体育物质文化的建设应结合精神文化建设，二者应协调进行，物质文化是基础，精神文化是保障，校园体育文化建设一定要将二者同时重视起来，促进校园文化凝聚力的增强。

2. 校园体育物质文化是开展民族传统体育的推动力量

尽管开展民族传统体育不需要准备高规格的场地、器材，但一定的基础条件还是要具备的，这样不仅对学校开展民族传统体育教学更加有利，而且对学生需求的满足与民族传统体育的创新也十分有益。校园体育物质文化是促进民族传统体育顺利开展的主要推动力量，可以使民族传统体育文化更好地得到传承，因此学校应该将体育物质文化的建设重视起来，增加经费投入，落实物质文化的建设工作。

（二）丰富校园体育精神文化建设

1. 促进情趣的提高

体育运动不仅仅是一种运动形式，也是一种带有美感的文化现象，这在我国的民族传统体育中体现得尤为突出。民族传统体育运动富有丰富的精神美，其蕴含的优良传统文化是现代人类共同追寻的美好文化。以云南白族的霸王鞭为例，这项运动在完成过程中能够将美的姿态展现出来，使人感到心旷神怡，能够促进学生情趣的提高与心智的培养，从而促进校园文化品位与格调的提高。体育美学这一学科在一些高校已经出现，这一学科的创立就是为了对体育运动中美的本质与规律进行揭示，对体育审美进行研究。体育审美需求能够促进学生生活质量的提高，能够引导学生回归到对体育中美的本质认识。

2. 加强对道德观念的培养

学校中开展民族传统体育项目有利于学生思想道德品质的提高，有利于学生正确健康的体育观、价值观及人生观的形成。民族传统体育所强调的哲理，丰富的传统文化思想都能够从中反映出来，让我们能够感受到其多元的价值与深远的影响。学生在参与的过程中，能够在无意识中通情明理，达到一种升华的境界。以武术为例，因为武术的项目有很多，而且在不同的地理环境下形成的民族风格及特点也迥异。通过对传统武术的学习，学生能够深刻地认识与理解武术的民族性特征，能够促进文化共鸣的产生，促进对学生民族自尊心与自豪感的激发，强化学生的爱国主义情怀。可见，民族传统体育能够在无意识间潜移默化地影响学生的道德品质。

（三）完善校园体育制度文化建设

发自内心地将规则作为自己行动准绳的意识就是所谓的规则意识。规则意识包括三个不同的层次，第一个层次是要具备规则的相关知识；第二个层次是要有对规则严格遵守的习惯；第三个层次是将遵守规则当作内在需要。对社会公德、法律、校规及体育规则的遵循都是一个人具有规则意识的表现。在法治社会，每个人都必须具备一定的规则意识，人的一切活动如果离开规则将无法进行，也无法与他人正常沟通与合作。在社会不断进步与科技日益发展的今天，改造世界不是仅凭个人的力量就可以实现的，还需要人与人之间按照一定的规则合作，集体的力量才是改造社会的关键。民族传统体育中有很多都是集体性的项目，在这些集体项目中，学生要想获取胜利，不仅要有不懈努力的精神，而且要有高度的团结意识。在民族传统体育活动的参与过程中，学生能够在集体协作中对合作的重要性加以理解，能够对自己与别人的差异有所认识，能够对活动的规则进行遵循，这就是民族传统体育对学生规则意识与合作精神的培养，民族传统体育的这一功能能够促进校园体育制度文化建设的不断完善。

参考文献

[1] 夏成前,蒋荣.学校体育理论学科群的结构研究[C].体育科研,2006(2).

[2] 胡文博.高中生与大一学生体育课程学习现状及两者的比较研究[D].北京:首都体育学院,2012.

[3] 李雁.浅谈在体育教学中如何实施"快乐体育"[J].科学中国人,2015(2).

[4] 王丹.体育教学中备课环节对教学质量的重要性[J].中国科教创新导刊,2013(35).

[5] 詹晓红,刘洪磊.全民健身上升为国家战略后对学校体育教学的影响[C].2015第十届全国体育科学大会论文摘要汇编(三),2015.

[6] 毛振明.中国体育教学改革的成果、若干理论建树及课题[C].第八届全国体育科学大会论文摘要汇编(一),2007.

[7] 曲新艺.学校体育教学问题的教育生态学诊断[D].北京:北京体育大学,2011.

[8] 廖萍.信息技术时代下体育教学变革的传播学审视[D].武汉:华中师范大学,2015.

[9] 姜志明.中国体育教学的文化反思[D].北京:北京体育大学,2009.

[10] 崔艳宇.53.5%受访者认为人们缺乏对传统武术的继承和保护意识[N].中国青年报,2017.

[11] 浅谈学校体育与素质教育的关系[N].中国体育报,2008.

[12] 许银秀.学校体育教学如何贯彻素质教育[N].抚州日报,2010.

[13] 张金花.论体育教学中的素质教育[N].吕梁日报,2011.

[14] 赵永利.体育教学要注重目标的长效性[N].朔州日报,2014年.

[15] 田茂艳.浅谈在体育教学中如何开展素质教育[N].学知报,2011.

[16] 蒋晓明.体育教学的点滴体会[N].安康日报,2010.

[17] 孔祥波.体育教师应根据学生特点教学[N].济宁日报,2009.

[18] 成广波.改革体育教学实现高效课堂[N].学知报,2010.

[19] 胡永红.有效体育教学的理论与实证研究[D].福州：福建师范大学，2009.

[20] 王健.运动技能与体育教学[D].福州：福建师范大学，2004.

[21] 邵桂华.体育教学的自组织观[D].南京：南京师范大学，2004.

[22] 陈家起.体育教学的生命解读[D].南京：南京师范大学，2007.

[23] 骆秉全.美与和谐[D].长沙：湖南师范大学，2007.

[24] 杨小明.体育教学中的道德教育研究[D].南京：南京师范大学，2008.

[25] 许婕.中国学校体育角色历史审视与定位[D].北京：北京体育大学，2013.

[26] 王淼，王超.新时期学校体育理论的创新和发展[J].科技与创新，2014（15）.

[27] 吴梦.全面走进学校体育理论——《中国学校体育基本理论研究》评析[J].中国出版，2017（6）.

[28] 刘桂海.学校体育的迷惘[J].沈阳体育学院学报，2000（4）.

[29] 张根荣，陆虹清.学生体育自我管理模式探究[J].南京体育学院学报（社会科学版），2002（3）.

[30] 刘桂海，马妍.论学校体育的出发点[J].辽宁体育科技，2001（4）.